本书示范图片由芜湖二中安澜中学生啦啦队新老队员完成

请在啦啦操专业人员的指导下进行练习

在律动中飞扬

青少年啦啦操运动

刘　怿◎著

安徽师范大学出版社
ANHUI NORMAL UNIVERSITY PRESS

·芜湖·

图书在版编目(CIP)数据

在律动中飞扬:青少年啦啦操运动 / 刘怿著.

芜湖 : 安徽师范大学出版社, 2024.11. -- ISBN 978-7
-5676-7003-7

Ⅰ. G831.32

中国国家版本馆CIP数据核字第2024PH8121号

在律动中飞扬:青少年啦啦操运动   刘　怿◎著

ZAI LÜDONG ZHONG FEIYANG QINGSHAONIAN LALACAO YUNDONG

责任编辑:孔令清　　　　　　责任校对:何章艳

装帧设计:王晴晴　冯君君　　责任印制:桑国磊

出版发行:安徽师范大学出版社

芜湖市北京中路2号安徽师范大学赭山校区

网　　　址:https://press.ahnu.edu.cn

发 行 部:0553-3883578　5910327　5910310(传真)

印　　刷:安徽联众印刷有限公司

版　　次:2024年11月第1版

印　　次:2024年11月第1次印刷

规　　格:787 mm×1092 mm　1/16

印　　张:17.5

字　　数:320千字

书　　号:978-7-5676-7003-7

定　　价:98.00元

凡发现图书有质量问题,请与我社联系(联系电话:0553-5910315)

目 录

CONTENTS

第一章 概述

第一节　啦啦操的起源与演进

一、啦啦操文化的起源

啦啦操（Cheerleading）文化的起源最早可以追溯到远古时期，是原始部落举行的特定仪式，期盼外出狩猎的人满载而归或者战斗的人凯旋。在仪式上，部落的人身着羽毛、兽皮、树皮等制作的服饰，胸前戴着贝壳、兽骨、鲜花等制作的挂件，手持竹竿、木片、铃铛等，或者拍打着手鼓，或者击掌跺脚，制造出各种有节奏的声音，然后伴随着节奏歌唱、欢呼。有的部落还会戴上面具，在脸上和身上绘制本部落特有的图案或图腾，他们载歌载舞来烘托仪式的气氛，鼓励族人，凝聚族人。这就是"Cheer"最初的形式。"Cheer"这个单词，既有"喝彩欢呼"的意思，也有"提神振气"的含义。由此可见，啦啦操文化起源于人们的生产劳动，是远古时代人们精神诉求的一种表现形式。

在第一届古代奥林匹克运动会上，人们为自己喜欢的运动员呐喊加油，这就是啦啦操最早的形式。

二、现代啦啦操的起源

现代啦啦操起源于美国，发展至今已有百余年历史。19世纪70年代，在风靡美国的美式橄榄球比赛上，啦啦队作为一种表演形式，为比赛呐喊助威。尤其是在高校广泛开展的橄榄球比赛中，各大高校的师生为了让自己支持的队伍取胜，在赛场上有组织地用歌声、欢呼声、手势等引导观众呼喊，为本队加油助威，鼓舞士气。1869年，在普林斯顿大学对阵罗格斯大学的一场橄榄球比赛上，观众齐呼"Tiger，Tiger，Tiger""Princeton，Princeton，Princeton"，可以称之为现代啦啦队的雏形。1884年，普林斯顿大学的校友汤玛士·培伯斯将这种以欢呼加油声援自己支持的球队的方式带到了明尼苏达大学。1898年，明尼苏达大学的学生

Johnny Campbell（强尼·坎伯）和大家一起观看橄榄球比赛，比赛期间他激动地跳到场地中间，指挥并带领大家为自己支持的球队呐喊助威，以此吸引更多的球迷声援自己支持的球队。这是一次具有里程碑意义的举动，让 Johnny Campbell 成为有史以来第一个啦啦队队员，这次助威的形式被人们记载在明尼苏达大学发行的刊物 Ariel 上。

1898 年 11 月，明尼苏达大学组建了一支由六位男大学生组成的被称为"对呼小组"的团队，带领大家为自己支持的队伍呐喊助威。从此，有组织地调动观众参与、为自己支持的球队呐喊助威的啦啦队，在美国的大学校园内诞生了，啦啦队队员被称为"Cheerleader"。

早期的啦啦队主要由男性大学生组成。19 世纪早期，在美国能进入大学学习的学生中男性占比很高，而男性普遍喜欢追求竞争和刺激，于是他们成为校际比赛活动积极的组织者和比赛规则的制定者。随着大学校际体育赛事的组织和开展，赛事规则不断被统一，学生将体育比赛作为日常娱乐与消遣的方式，在比赛期间为自己支持的队伍加油呐喊助威。声势浩大、有组织的助威与场上激烈的比赛遥相呼应，于是产生于男性大学生中的啦啦队运动，成为大学校园独有的娱乐方式。

20 世纪初女性参与的体育赛事并不多，所以女性参与啦啦队运动的人也很少。20 世纪 20 年代，啦啦队开始使用喇叭等道具，女性开始参与啦啦队的表演，健美操和体操的动作逐步融入其中。20 世纪 30 年代，啦啦队开始使用纸制的花球来表演，这是啦啦操发展史上的一个标志性事件。花球的使用丰富了啦啦队的表现形式，大大增加了表演的观赏性以及和观众的互动性。20 世纪 40 年代，由于第二次世界大战爆发，更多的男性应征服兵役，女性开始在啦啦队中占大多数，啦啦队的助演逐渐从橄榄球赛场推广到篮球等其他体育比赛赛场。为了增加呐喊助威的效果，表演开始加入如抛接、托举等技巧动作，这让男性队员重新体会到挑战带来的兴奋，于是男性队员回归啦啦队的表演。20 世纪 50 年代，企业家们开始经营啦啦队，大学啦啦队开始举办训练营，教授啦啦队表演基本技术动作。20 世纪 60 年代，美国国家橄榄球联盟的各支队伍开始组建自己的舞蹈啦啦队，啦啦队队员由男性逐渐被女性代替。青春靓丽、热情奔放的啦啦队队员在比赛间隙，运用喇叭、花球、旗子等道具，结合舞蹈等技巧动作进行表演，增强了啦啦队的号召力，有效缓解了赛场上的紧张气氛，营造了轻松欢乐的氛围，让观众耳目一新，使得一些球队主场的比赛一票难求。至此，啦啦队作为一种助演娱乐方式被职业体育组织吸纳并进入赛事运营阶段。

随着啦啦队在学校的推广普及，学校开始管理啦啦队，教育者开始致力于挖掘啦啦队的教育价值和社会价值，引导啦啦队队员要表现良好的体育精神，让啦啦队朝着规范化、制度化发展。啦啦队队员在大学普遍受到大家的尊重和喜爱。他们在训练、表演中通过长期的沟通交流、互相磨合形成默契，一直为着共同的团队目标而努力；他们根据所支持的学校球队，制作和球队相关的形象标识，如表演服、吉祥物、吉祥色等，以彰显各自啦啦队的独特文化，突出各自啦啦队的历史、理念、目标；赛场上他们采用一定含义的手势、动作、道具来表达对学校和球队的热爱，运用极具感染力的口号调动场上气氛，以激发观众的热情。而啦啦队队长以其非凡的个人魅力和领袖人格，成为团队的领导者，成为学校的佼佼者，从而被大家尊重和认可。所以，学校啦啦队的经历值得每一个啦啦队队员骄傲一生。

随着啦啦队运动在大学的蓬勃发展，这项运动逐渐在中小学推广开来，吸引了更多的人参与其中。1930年，美国得克萨斯州的高中学生凯·蒂尔·克劳福德，将康康舞中的典型动作High-Kicks（高踢腿）引入啦啦队运动，很快这种高踢腿风格的啦啦队表演形式在全美流行起来。

随着啦啦队表演的风行，教授各种动作技术和管理模式的训练营诞生了。20世纪70年代，全球啦啦队员协会（Universal Cheerleaders Association，简称UCA）主办的训练营在教授新技术时开始使用音乐伴奏，这是啦啦队第一次使用音乐。

1978年，哥伦比亚广播公司第一次在全国转播大学生啦啦队冠军赛时，将啦啦队运动描述为一项具有团队合作的组织形式、青春靓丽的表演形象、健康向上的精神面貌的体育运动。1980年，美国举办了第一届全美啦啦队锦标赛，标志着啦啦队运动从最初是其他体育项目附属的表演活动，发展成为一项竞技体育比赛项目，实现了从校园走向全社会的辐射，吸引了更多的人参与。1982年，UCA的创立者Jeff Webb（杰夫·韦伯）将音乐正式运用到啦啦队的比赛中，并在电视台播放，这项举措推动了啦啦队在世界范围的推广。

随着啦啦队运动项目的推广普及，比赛、表演或训练中难免会出现一些意外事故，于是相应的竞赛规则和安全守则开始制定并完善。容易对身体造成伤害的危险动作和特技动作受到限制，庸俗和不健康的口号被禁用，这些规定进一步促进了啦啦队运动的发展。

啦啦队运动的蓬勃发展催生了很多协会和俱乐部，协会与体育赛事经营推广公司开展广泛的合作，推动了啦啦队培训与比赛的运作与发展。每个协会的宗旨和目标不尽相同，相互合作又彼此独立。1974年诞生的UCA创造了啦啦队篮抛、托举等基本技术，主要致力于赛事运营和提供高质量的技术训练与团队管理；1980年成立的世界舞蹈协会（Universal Dance Association，简称UDA），主要致力于舞蹈啦啦队的培训，如花球、爵士、街舞等，并深入学校提供各种训练（这个时期的啦啦队项目有了清晰的分类，即舞蹈啦啦操和技巧啦啦操）；1987年成立的美国啦啦队教练和指导员协会（American Association of Cheerleading Coaches and Advisors，简称AACCA），主要致力于解决啦啦队发展过程中的安全问题，制定了一系列安全守则和风险管理办法。赛事的不断完善，吸引了不同年龄段的人群参与，蓬勃发展起来的啦啦队运动促进了啦啦队俱乐部的发展，而这些俱乐部被称为"全明星"啦啦队俱乐部。

三、现代啦啦操的演进

1998年7月，国际竞技啦啦队联合会（International Federation of Cheerleading，简称IFC）在日本东京成立。这是一个非营利性的国际体育组织，意在推动啦啦队在世界范围的推广，加强国家与地区之间的交流合作。这是啦啦队发展史上一个重要的节点，标志着啦啦队国际化发展进入实质阶段。该组织负责举办或者授权举办国际性的啦啦操锦标赛，制定国际竞赛规则和安全守则，制定国际裁判员和教练员的培养制度，为啦啦队的教科研助力，同时负责相关书籍及影像资料的编辑出版和发行。世界啦啦操锦标赛每两年举办一次，第一届世界啦啦操锦标赛于2001年在日本东京举办，有多个国家和地区派队参赛。

2003年，美国全明星啦啦队联盟（United States All-Star Federation，简称USASF）成立，进一步统一了全明星竞赛规则，同时开始致力于在全球推广啦啦队，举办世界性的比赛。随着啦啦队国际化进程的推进，美国的一些联盟组织逐步发展成为国际性的协会，国际全明星啦啦队联盟（International All-Star Cheerleading Association，简称IASCA）由此诞生。2004年，国际啦啦操联合会（International Cheer Union，简称ICU）在美国成立。该联合会是世界范围内推广啦啦队的独立团体，成员超过100多个，每年举办的世界啦啦操锦标赛吸引了90多个国家和地区参加。2013年5月，国际体育协会在俄罗斯圣彼得堡吸纳国际啦啦操联合会为其第109个成员组织，标志着啦啦操成为一项独立的运动项目。根据国际体育协会章程规定，ICU成为世界范围内唯一的啦啦操各项事务组织、管理、监督的官方机构。2016年12月，国际奥林匹克运动委员会在瑞士洛桑授予ICU为期三年的临时认可。2021年7月，在日本东京召开的国际奥林匹克运动委员会第138次会议授予ICU正式认可，这为全世界致力于啦啦操发展的国家带来了机遇，给啦啦操未来的发展方向奠定了基础。

四、中国啦啦操的起源与演进

20世纪90年代，伴随着美国职业篮球联赛（National Basketball Association，简称NBA）的兴起，啦啦操作为一个新兴的体育运动项目传入我国。

（一）引入阶段：1998—2008年

1998年，中国大学生篮球联盟（Chinese University Basketball Association，简称CUBA）成立。于是，在大学生篮球联赛中，啦啦队作为中场助演项目给观众留下了深刻印象，由此啦啦队在高校如火如荼地开展起来。这个时期大学的啦啦队表演队伍都是自发组织起来的，主要为篮球、足球等比赛助演。

1999年，在中国大学生体育协会的支持下，中国大学生体育协会健美操艺术体操分会（Cooperation Self-confidence Attitude Reach Aim，简称CSARA）组织专家起草啦啦队在中国发展的设想草案。

2001年4月，中国大学生体育协会健美操艺术体操分会颁布实施《中国学生啦啦队竞赛评分规则（第一版）》。2001年4月，广州体育学院举办了全国第一届啦啦队教练员、裁判员培训班，邀请了美国UCA啦啦队的专家来授课。2001年9月，中国大学生体育协会健美操艺术体操分会在广州暨南大学举办了首届中国大学生动感啦啦队比赛，共有23支队伍参赛，开启了我国啦啦队比赛的先河。此举吸引了更多的学校开展啦啦队运动，促进了啦啦队运动在我国学校的推广。

2004年，中国大学生体育协会健美操艺术体操分会对啦啦队进行调研后，认为单纯模仿国外的比赛内容不利于国内项目的发展，于是开始进行较为系统的理论研究和培训，组织创编规定套路，发行光碟，进行全国教练员、裁判员培训和教练员、裁判员资格认证，并将啦啦队比赛作为中国大学生体育协会健美操艺术体操分会的正式比赛项目。2004年4月，中国大学生体育协会健美操艺术体操分会对《中国学生啦啦队竞赛评分规则（第一版）》进行修订，颁布实施《中国学生啦啦队竞赛评分规则（第二版）》。2004年6月，在四川西南交通大学举办全国教练员、裁判员培训班，第一次使用了全国啦啦队规定套路培训和全国啦啦队教练员和裁判员资格认证系统。2004年12月，中国大学生体育协会健美操艺术体操分会在广州体育学院举办了"首届中国学生健康活力大赛"，其中包括啦啦队的比赛。参加这次比赛的26支啦啦队参赛队伍中，有20支高校啦啦队，6支中学啦啦队，啦啦队的推广和覆盖面得到进一步拓展。

在国家相关职能部门指导下，创编规定套路，规范培训和比赛内容，有力地促进了啦啦队迅速在国内推广。随着啦啦队在我国的推广，大家迫切希望与世界啦啦队接轨以提升自身水平，于是中国大学生体育协会健美操艺术体操分会开始与国际啦啦队的组织与协会展开交流合作。2004年4月，我国派代表参加了在美国奥兰多举办的世界啦啦队比赛，这是我国啦啦队第一次亮相世界啦啦队赛场。2006年6月，我国派代表赴日本参加啦啦队研讨会。2005年，我国举办了中国全明星啦啦队锦标赛暨世界啦啦队大赛选拔赛，这项比赛由中国大学生体育协会健美操艺术体操分会主办，国际全明星啦啦队联盟协办。2008年，啦啦队作为表演项目参加了北京奥运会的展演，经过媒体的宣传报道，逐渐被大家知晓。

（二）推广阶段：2009—2013年

北京奥运会的成功举办，点燃了全国人民的健身热情。2009年，国家体育总局体操运动管理中心开始管理啦啦操项目，成立了全国啦啦操竞赛委员会和全国啦啦操推广委员会。2010年，全国啦啦操委员会秘书处落户江苏南京，负责啦啦操的各项管理，包括该项目的推广普及、竞赛培训、对外交流与合作等。

我国啦啦操在与国际接轨的同时始终保持了国际化与本土化的同步发展。首先是给该项目定义：2009年，国家体育总局体操运动管理中心对该运动项目的表述为"啦啦操"；中国蹦床与技巧协会啦啦操分会颁布的《2010—2013年全国啦啦操竞赛规则》定义该项目概念时，用"啦啦操"代替了"啦啦队"。国内相关组织编排发行了适合我国特色的啦啦操规定套路，2010年还设置了体现中华传统文化的自由舞蹈啦啦操。

目前，我国有两个组织同时负责啦啦操运动的推广和运营，分别是教育部管理的中国大学生体育协会（FUSC）健美操艺术体操分会（CSARA）啦啦操专项委员会，国家体育总局体操运动管理中心管理的中国蹦床与技巧协会下的啦啦操分会（CCA）。这两个组织各司其职，分别负责政策制定、项目推广与竞赛组织、教练员与裁判员的培训和资格认证、运动员培训、交流合作等。啦啦操管理机构的出现，大大促进了啦啦操项目的发展。

2010年，全国啦啦操联赛制开始启动，同年全国分为6个赛区，大约有3000人参赛。到2013年，赛区增加至17个，约30000人参赛，三年内参赛人数增加到10倍，成为国家体育总局旗下发展速度最快的赛事。联赛制的增设丰富了赛事体系，吸引了更多的人参与，进一步推动了啦啦操在我国的推广与普及。

2013年，我国成为国际啦啦操联合会第107个成员。同年11月和12月，国家体育总局体操运动管理中心邀请国际啦啦操联合会在江苏南京举办了两次国际啦啦操竞赛规则的培训，内容包括最新国际竞赛规则的学习、国内外竞赛规则差异的探讨、国际啦啦操裁判员的考核、赛事的组织管理等事宜，标志着我国啦啦操竞赛规则与国际啦啦操的接轨。2013年12月，首届中国（南京）啦啦操公开赛开赛，吸引了来自美国、德国、澳大利亚等多个国家和地区的40余支代表队共500多名选手参赛，推动了我国啦啦操国际化发展的进程。

随着啦啦操运动的推广普及以及技术不断进步，我国科研工作者开始关注啦啦操运动，研究热点集中在啦啦操运动发展的现状与可行性、啦啦操动作的编排、舞蹈啦啦操和技巧啦啦操在规则引领下的发展等方面。2012年，国家体育总局体操运动管理中心在江苏举办"首届全国啦啦操教育科学论文报告会"。2013年，又于首届中国（南京）啦啦操公开赛期间举办了"第二届全国啦啦操教育科学论文报告会"，为啦啦操的理论研究与发展搭建了交流的平台。

（三）发展阶段：2014年至今

2014年，全国啦啦操竞赛委员会和全国啦啦操推广委员会整合为全国啦啦操委员会，国家体育总局体操运动管理中心和中国大学生体育协会负责人同时兼任全国啦啦操委员会主任。2021年，全国啦啦操委员会正式更名为中国蹦床与技巧协会啦啦操分会。中国蹦床与技巧协会啦啦操分会承担全国啦啦操的竞赛、推广、国际交流、标准制定、项目管理五大职责，在31个省份和部分地级市成立了啦啦操委员会，形成一级机构是中国蹦床与技巧协会啦啦操分会、二级机构是各省份啦啦操委员会、三级机构是各市啦啦操委员会的管理体制。管理机构的整合和三级委员会管理体制的建立，深入推动了啦啦操在我国持续健康的发展。

2014年，教育部体育卫生与艺术教育司和国家体育总局体操运动管理中心联合启动啦啦操"送培到基层"公益活动，意在为全国的中小学和幼儿园每校培训

1—2名啦啦操专业教师；教育部体育卫生与艺术教育司提出"一校一品一操"的发展方向，进一步促进了啦啦操在校园大课间的推广。这是啦啦操推广中学校层面的变化，由大学向中小学及幼儿园迅速发展。2019年，中国教科文卫体工会与国家体育总局体操运动管理中心联合启动了啦啦操"送培到基层"公益活动，拉开了职工啦啦操的帷幕，扩大了啦啦操从学校到社会的推广普及范围。

2014年，啦啦操作为表演节目在第二届南京青年奥运会上展示；2021年，啦啦操是第十四届全国运动会群众组比赛表演项目之一；2023年，啦啦操是第一届全国学生（青年）运动会正式比赛项目。运动竞赛是人们关注一个运动项目发展最重要的窗口，通过竞赛，社会可以了解运动项目此刻的现状，也可以预知该运动项目未来的发展。管理机构的整合促进了赛事体系日趋完善。2014年，全国啦啦操委员会将全国啦啦操联赛改为跨年制，全国赛事分为联赛和系列赛两大类，其中联赛包括全国啦啦操分站赛和全国啦啦操总决赛，系列赛包括全国啦啦操锦标赛、全国啦啦操冠军赛、全国啦啦操精英赛、国际公开赛等。比赛内容分为技巧啦啦操和舞蹈啦啦操两类。中国大学生体育协会举办的全国赛事有中国学生啦啦操锦标赛、中国校园啦啦操锦标赛、中国大学生足球啦啦队选拔赛、中国大学生篮球联赛啦啦操选拔赛或冠军赛等。全国啦啦操赛事贯穿全年，比赛频率之多，吸引了更多的人参与到啦啦操活动中来。

2015年5月，《啦啦操运动员技术等级标准》正式颁布试行。试行的标准分为竞技啦啦操和普及啦啦操两类，通过考核获得相应的等级，这促进了啦啦操人才储备和专业成长。

2015年8月，国家体育总局体操运动管理中心批准全国啦啦操委员会建设啦啦操星级俱乐部。该俱乐部分为校园和社会两种类型，其中校园俱乐部以学校为单位进行星级俱乐部建设，社会俱乐部以个人或社会团体进行星级俱乐部建设，由全国啦啦操委员会对申报单位进行软件和硬件条件的审核，在一星到五星中进行等级评定。星级俱乐部建设吸引了更多青少年加入啦啦操运动，青少年在俱乐部可以学习七彩星级课程和技术星级课程，通过考级、比赛等形式实现由七彩星级向技术星级的提高。啦啦操井喷式发展促进了啦啦操专业化发展，而啦啦操星级俱乐部的建设正是啦啦操职业化和市场化的尝试。

2016年10月，教育部体育卫生与艺术教育司和国家体育总局体操运动管理中心在河南郑州联合举办了全国啦啦操创意展示大会，现场展示的节目将中华传统文化与民族特色和啦啦操巧妙结合，促进了校园文化与啦啦操文化的融合，是中国啦啦操形成自己特色的有益探索。

自 2015 年开始，全国啦啦操委员会每年都举办全国啦啦操教育科学论文报告会，通过全国性的论文报告会及时总结最新的啦啦操理论科研成果，搭建教科研的交流平台，实现研究成果与资源的共享，引领并指导啦啦操运动科学发展，进一步促进啦啦操的深度普及与推广。

2022 年，国家体育总局等部门下发通知，将啦啦操与足球、篮球、排球等项目一起列为体育课后服务活动课程应设项目。

五、中国啦啦操的发展趋势

（一）啦啦操从推广普及迈向质量提升

啦啦操运动传入我国的时间虽不长，但其团队合作的表现形式和时尚、活力、进取的精神内涵，受到广大青少年的喜爱。啦啦操以健美操、艺术体操等运动项目为基础，以高校为切入口，以舞蹈啦啦操为开端，在短短20多年时间里，在我国迅速发展。仅从赛事来看，啦啦操已经覆盖全社会的各类人群：每年各级各类啦啦操比赛次数很多，有国际比赛、全国性比赛、省市县区级比赛等；比赛项目众多，有校园啦啦操、职工啦啦操、社区啦啦操、亲子啦啦操等；参与的人群受众面广，从幼儿园开始，到小学、中学、大学，覆盖全学段，还有成年组和残障组；参赛人数每年达10万人之多。

因此，"深挖普及"要向"深化提质"发展，在做好啦啦操面向群众普及、进一步扩大的同时，要努力朝竞技领域发展，做好啦啦操资源的深度和广度开发。如通过竞赛规则的制定，在保证娱乐性与健身性的基础上，引领啦啦操技术水平朝着新、美、难等方向发展。良好的群众基础可以为高水平竞技提供广泛的人员储备，高水平竞技又可以为基层啦啦操爱好者提供不断攀登的高度，进一步缩小中国啦啦操与国际啦啦操强国之间的差距，让中国啦啦操在国际啦啦操领域拥有话语权。

（二）啦啦操文化建设朝着科学多元化发展

中国啦啦操文化建设始终保持与国际啦啦操并轨的同时，坚持中国传统文化与啦啦操的结合。中国啦啦操文化始于校园，繁荣于竞技赛场，正在通过俱乐部建设渗透到全社会。啦啦操文化通过充分体现团队精神的项目特征，和青春活力、健康向上、勇于奉献的外在表现与校园文化发展形成共鸣。央视大型文化音乐节目《经典永流传》歌曲作为大课间啦啦操的配乐，与啦啦操完美结合，可让学生在强身健体的同时传唱中华传统经典歌曲，让两种文化在校园互助共荣。中国啦啦操将培养"四好"（品德好、学习好、气质好、技术好）运动员作为校园育人目标，其中自由舞蹈啦啦操是我国特有的啦啦操项目，充分体现了我国民族和地域特色。

目前，我国啦啦操文化建设落后于赛事发展，参与者更多重视形式借鉴，缺乏文化体验。每个啦啦操俱乐部可以挖掘团队的文化渊源，凝练团队的队训、口号，通过队名、队训、吉祥物、吉祥色等物质文化和制度文化建设传达团队的发展目标和价值追求；可以挖掘中华优秀传统文化，提炼具有校园文化特色、地方人文特色、城市文化特色的，能凸显啦啦操文化的具有象征性意义的团队符号，助力团队传承发展；创建类似"全国啦啦操创意展示大会"的丰富多彩的啦啦操文化交流平台，也有利于啦啦操文化朝着科学多元化发展。

（三）啦啦操教科研厚积薄发

20多年来，啦啦操在我国呈爆发式发展，给科研工作者提供了丰富的研究资源，啦啦操的科研热度也随之增加，发表的论文数量逐年增长，但研究的深度不够，质量欠佳；而且研究者多为"单打独斗"，研究机构主要集中在高校，学者或者研究机构之间基本处于各自独立的研究状态，少有合作，对于啦啦操相关领域的理论研究明显滞后于项目本身的发展。啦啦操科研工作者和科研机构应该紧密合作，实现资源共享，提高研究成果的质量。高校作为科研的主阵地，要引领中小学及幼儿园开展深层次、多元化的啦啦操教育教学研究工作，实现大中小幼的合作共赢；要加强跨学科视野下的综合研究，实现不同领域不同学科多元化发展；让啦啦操教科研工作与国际接轨，推动啦啦操教科研国际化的进程。

第二节　啦啦操的概念与分类

一、啦啦操的概念

(一) 啦啦队和啦啦操的演变

1998年，"Cheerleading"伴随着中国大学生篮球联盟进入我国，属于舶来品，因此在翻译上存在不同版本，有拉拉队、啦啦队、啦啦操等不同译名。

《现代汉语词典（第7版）》对"拉拉队"的解释是：同"啦啦队"。"啦"是助词，兼有"啊"和"了"的作用，可见这个字本身没有意思。"啦啦队"这个新词汇的出现是当时社会的需要，而"Cheerleading"本意就是呐喊助威并且伴随口号，因此"口"字旁的"啦啦队"更加符合"Cheerleading"的特征。《现代汉语词典（第7版）》对"啦啦队"的解释是：体育比赛时，在现场给运动员呐喊助威的一组人。一段时间内，"拉拉队"和"啦啦队"在我国共存，随着"Cheerleading"在我国的推广普及，"啦啦队"更加符合人们的理解，所以人们使用"啦啦队"的频率要高于"拉拉队"，这便是现实需求和时代选择的结果。

《现代汉语词典（第7版）》对"队"的解释是：②具有某种性质的集体。啦啦队就可以理解为为其他项目加油呐喊助威的团体或集体，是一群人的活动，因此它不能称作是一个体育运动项目。

《现代汉语词典（第7版）》对"操"的解释是：⑥由一系列动作编排起来的体育活动。对"运动"的解释就是：③体育活动。因此，啦啦操可以理解为是一项有技术性的按照一定规则进行编排的体育运动或活动。

从啦啦队到啦啦操的演变过程，也是Cheerleading在我国由附属其他体育运动项目的一种表演形式到独立的体育运动项目的发展变化过程。啦啦队始于赛场呐喊助威的有组织的团队活动或团队表演，而啦啦操在发展中凝练出了内显团队精神，外显健身、竞技、娱乐、时尚的时代特征。

（二）啦啦操的定义

啦啦操是在音乐伴奏下，借助口号、标语、道具等，以徒手或手持器械完成技巧动作或舞蹈动作，以团队的形式来展示具有感染力的肢体动作，体现青春活力、不断进取的精神，追求个人发展和实现团队最高荣誉并存的一项集竞技、表演、娱乐为一体的体育运动。

二、啦啦操的分类

根据啦啦操的演变过程，可以将其分为广义啦啦操和狭义啦啦操两类。广义啦啦操包括以表演为目的的表演啦啦操和以竞赛为目的的竞技啦啦操。表演啦啦操又可以分为各种活动表演啦啦操和赛场间隙表演啦啦操。

各种活动表演啦啦操：根据参加的活动，表演符合活动主题的啦啦操成套动作。

赛场间隙表演啦啦操：在其他体育项目比赛间隙进行表演，现场指挥观众为参赛队加油助威、活跃赛场气氛。

竞技啦啦操也可以称为狭义啦啦操，是一项有组织有规则的体育运动项目。

根据未来发展趋势，啦啦操可以有多种分类方式。

（一）根据展示区域可以分为场地啦啦操和看台啦啦操

场地啦啦操：指在指定场地区域内，在音乐的伴奏下，完成技巧动作和舞蹈动作，体现团队精神的一项体育运动。

看台啦啦操：指在看台上，为活跃现场气氛和制造声势，在统一指挥下有组织地借助道具或徒手展示一系列呐喊助威的口号或动作的运动。

（二）根据动作技术可以分为技巧啦啦操和舞蹈啦啦操

技巧啦啦操（Cheer Leading）：指在音乐伴奏下，以翻腾、跳跃、托举、金字塔、抛接组合等技巧难度动作为主要内容，配合口号、基本手位和舞蹈动作，以团队形式展示参与者高超的技能技巧的体育运动。

舞蹈啦啦操（Performance Cheer）：指在音乐伴奏下，以操化动作为基础，以不同的舞蹈元素和跳跃、转体、翻腾、平衡与柔韧等技巧动作为主要内容，结合道具，以团队形式突出参与者高超的舞蹈技能的体育运动。

舞蹈啦啦操又分为花球啦啦操、爵士啦啦操、街舞啦啦操、高踢腿啦啦操和自由舞蹈啦啦操。

1.花球啦啦操（Pom）

表演者手持花球结合基本手位和技术，融入街舞和爵士的元素，团队协作呈现整齐一致的视觉效果。

2.爵士啦啦操（Jazz）

爵士啦啦操融入了现代爵士和芭蕾爵士风格的动作，展示技术完成、延伸、控制、身体位置，呈现团队的统一性。

3.街舞啦啦操（Hip Hop）

街舞啦啦操以街舞的舞蹈动作和节奏为基础内容，结合啦啦操的项目特征，展示身体各部位的分离与控制，呈现个人与团队的统一。

4.高踢腿啦啦操（Cheerleading Highkick）

高踢腿啦啦操以多种风格的踢腿动作为主要内容，展现参与者的身体控制和柔韧性、踢腿高度的一致性和同步性以及团队的统一性。

5.自由舞蹈啦啦操

这是我国特有的啦啦操项目，可以徒手或手持器械，将民族和地域特色的舞蹈创造性地转化成能展示啦啦操运动特点的运动项目。自由舞蹈啦啦操具有表现形式丰富、编排风格多元化等特点，内容区别于花球啦啦操、爵士啦啦操、街舞啦啦操和高踢腿啦啦操。

（三）根据参与人群可以分为校园啦啦操、社区啦啦操、亲子啦啦操、职工啦啦操、残疾人啦啦操

1.校园啦啦操

校园啦啦操是在大中小学及幼儿园开展的一系列啦啦操相关活动，包括课堂教学、运动训练、各级各类比赛表演、大课间、社团等。

2.社区啦啦操

社区啦啦操以啦啦操特有的手位和步伐创编适合社区居民进行锻炼和表演的成套动作，以增强人们的身体素质，增进社区邻里之间沟通与互动的区域性体育活动。

3.亲子啦啦操

亲子啦啦操以家庭成员共同参与和相互合作完成的啦啦操成套动作，既可以促进家庭成员的健康水平，又可以创造家庭成员之间亲密接触的机会，以提升家庭幸福感。

4.职工啦啦操

职工啦啦操以啦啦操特有的技术动作创编的适合企事业单位职工进行锻炼和表演的成套动作，可以增强职工的身体素质，助力企事业单位企业文化的发展。

5.残疾人啦啦操

残疾人啦啦操指根据残疾人的身心特点而创编的促进残疾人身心健康，增强残疾人社会适应性的啦啦操运动。

三、啦啦操的特点

（一）团结与合作

从啦啦队到啦啦操的演变，诠释了这个运动项目团队文化的内在属性。团队成员之间的关系和相处方式是影响团队目标实现的关键因素，啦啦操通过团队凝聚力将团队成员团结在一起，实现团队成员之间和谐相处、相互信任，达成资源共享。团队凝聚力是考察啦啦操团队组织架构和运作模式的重要方面。啦啦操是一个多人参与的集体项目，团队的发起者和领导者要带领团队制定切实可行的目标，让啦啦操的参与者各司其职，为实现共同目标而努力奋斗；在完成既定目标的奋斗过程中，啦啦操的参与者彼此之间相互合作、相互包容，知识与技能不断积累和提高，归属感和满意度不断提升，合作得以延续，团队的稳定性得到增强。个人不管是形象气质还是运动技术水平都存在差异性和不均衡性，而啦啦操既可以采用科学的方法帮助个体构建自己的运动体系，以展示自我、突破自我、实现自我，又需要个体服从集体的利益，形成风险共担、荣誉共享的利益共同体。因此，啦啦操的核心价值是团队合作，这是啦啦操有别于其他运动项目最显著的特点。

（二）健身与竞技

从啦啦队到啦啦操名称的变化，揭示了这个运动项目健身性的外在属性。啦啦操属于技能主导类表现难美性项群，是有氧运动。坚持啦啦操锻炼，可以有效提高心肺系统的功能，改善呼吸系统、循环系统、运动系统、神经系统等机能，从而促进身体健康。啦啦操的参与者通过啦啦操的锻炼、表演、竞赛，呈现出健美的外形、健康的体魄，在表演和比赛的过程中还要展示自然真诚的微笑。长期的啦啦操锻炼和比赛，可以潜移默化地培养参与者坚持不懈、勇敢顽强、遵守规则等体育品德。啦啦操是以团队形式为主的运动项目，在团队合作中可以培养参与者人际交往和情绪调控的能力，有效促进参与者的身心健康。

啦啦操的竞技性是指在啦啦操比赛中获得理想成绩，实现训练目标。啦啦操的竞技性充分体现了啦啦操技术技巧的项目特征，动作难度高、技术复杂、风格多样，可以给观众带来惊险刺激的感官体验。所以，啦啦操是借助口号、标语、道具等，以徒手或手持器械完成高难度复杂的技巧动作或风格多样的舞蹈动作，来展示集体的对抗能力、创新能力等竞技水平和竞技状态的运动。

（三）时尚与娱乐

啦啦操最初就是观众在赛场边呐喊助威、表达热情的一种情感表达方式。在赛场上，啦啦操参与者是助阵的嘉宾，他们通过喊口号、表演舞蹈动作等，调动观众的情绪和热情，最终以表演的观赏性和号召力为运动员助威。

啦啦操根据动作技术可分为舞蹈啦啦操和技巧啦啦操，舞蹈啦啦操又分为花球啦啦操、街舞啦啦操、爵士啦啦操、高踢腿啦啦操、自由舞蹈啦啦操，技巧啦啦操又分为混合组技巧啦啦操和全女子技巧啦啦操。其形式和内容新颖时尚，符合当下的运动潮流，展现了一种崭新的运动文化元素，是青少年展示自我、激发创造力和愉悦身心的重要载体。因此，啦啦操传入我国，最先受到青少年团体的喜爱。

第二章　啦啦操文化

第一节　啦啦操文化与学校文化

一、文化的内涵与分类

（一）文化的内涵

《现代汉语词典（第7版）》对"文化"的解释是：①人类在社会历史发展过程中所创造的物质财富和精神财富的总和，特指精神财富，如文学、艺术、教育、科学等。

文化是以物质为载体的能够传承的生活方式、行为规范、思维方式、价值观念等，是非常复杂的多样化的社会现象，是人们外在的行为与内在价值观的认知实践与道德修养的过程。

（二）文化的分类

文化从层次的结构来划分可以分为物质文化和精神文化，还可以细分为物质文化、制度文化和精神文化，进一步可以分为物质文化、制度文化、行为文化和精神文化。

二、学校文化的内涵与特点

（一）学校文化的内涵

学校文化是在学校这个特定的环境中，由学校师生及员工共同创造的生活方式，经过长期的发展沉淀，形成的具有自身特色，被全体成员共同认可的价值体系，包括价值观念、思维方式、行为方式等。学校文化依托学校在发展过程中创造出的物质形态，展现学校的办学理念、价值追求，从而规范师生的行为，对学校全体成员具有导向、凝聚的作用。

（二）学校文化的特点

1.教育与成长

文化是后天习得的知识技能和经验，不是先天遗传的本能。学校文化作为文化的组成部分或者下位概念具有教育性，其教育性不仅体现在学校的办学理念、办学思路、发展定位、课程设置、活动安排上，还体现在学校的规章制度、环境设施等方面。

学校的校风、校训凝练了学校的思想表达，体现了学校的价值观，是学校文化的核心。教风、学风构成的校风是学校全体师生员工的理想追求，规范着师生的行为方式；校训是学校对师生行为表现的期许，指引着学校教育教学等活动的开展，影响着全校成员的价值观，引导学生核心素养的发展。学校通过知识传授、能力培养、品德教育向师生传递着学校的价值追求，调节着师生员工的人际关系，影响着师生在教育科研、学习生活等方面的态度、情感、价值观；校园的物质环境、设备设施等空间物态可以营造积极向上的校园氛围，培养全体人员对学校的认同感和归属感。总之，学校文化通过多方面影响着学校师生及员工，让他们在耳濡目染中获得教育与成长。

2.传承与发扬

学校文化是在学校历史发展过程中逐步累积形成的，并通过师生代代相传得以延续。在学校文化相沿成习的过程中，新一代人会根据新时代新环境对历史文化进行改造，继承并保留学校发展进程中沉淀的优秀文化基因，摒弃不合时代发展进步的部分，注入适应当下学校需求和发展的新内容，然后在继承与创新中形成独具特色的学校价值体系。于是，新的价值体系在不断地动态调整中被师生员工共同接受和遵循，学校的教育理念得以延续，价值追求得以传递，行为规范得以传承，学校文化在继承与变革中得到传承与发扬。

3.交互与聚力

学校文化是全校师生员工直接参与到学校教育教学、科学研究、生活娱乐等校园活动中共同创造出的系统性文化，是在师生之间、生生之间、师生与员工之间、学校与家庭之间、群体与学校环境之间的各种文化元素相互交融碰撞中产生的。其中，学校的理想信念、价值追求是指导文化元素之间正向交互的关键，有助于学校文化成为师生员工在学校的生活样式，最终促进师生间有效的交流互动、生生间良好的社会交往，以及环境设施的合理利用、文化信息的传播共享，从而增强学校的凝心和聚力，推动学校文化在交流中融汇与升华。

三、啦啦操文化的内涵与特点

（一）啦啦操文化的内涵

啦啦操文化是人们在啦啦操运动长期的发展过程中形成的思维方式、行为方式和价值观，以啦啦操可视性物态为载体，展示啦啦操特有的团队精神、价值追求、道德规范。它表现为人们共同遵守的行为准则和规范，并成为参与啦啦操运动的所有人的群体共识和生活方式。

啦啦操文化根据外在表现和内在价值可以分为啦啦操物质文化、啦啦操制度文化、啦啦操行为文化和啦啦操精神文化。其中，啦啦操物质文化包括教学比赛环境、场馆设备设施和文化产品，啦啦操制度文化包括规章制度、组织管理、信息化管理等，啦啦操行为文化包括礼仪形象、言行举止，啦啦操精神文化包括发展理念、价值追求等。

（二）啦啦操文化的特点

1.外在效用与内显价值的统一

啦啦操因展现出外显的青春向上、健康活力的特质而被大家喜爱，同时它也内显着协同一致和乐于奉献的合作精神。在顺势发展的过程中，啦啦操更加关注项目的价值追求，在展示竞技与健身、娱乐与休闲等外在功能的同时，其内隐的团队精神中显示出独特的文化价值。团队成员为着集体的共同目标，努力寻找自己的位置，自觉服从团队的发展要求，在交流合作中融入个人的发展目标。于是，个人为团队奋斗的使命感和荣誉感被激发，团队的凝聚力逐渐增强。因此，团队精神折射出育体育心的外在效用和内在价值的统一。

2.由从属依附向独立自主发展

啦啦操在发展初期，通过在赛场边或比赛间隙进行表演，为其他体育项目加油呐喊，起到鼓励助威的作用。随着啦啦操的技能和规则不断革新，啦啦操逐渐从其他体育运动项目的附属活动，发展成为一项集健身、娱乐、竞技于一体的独立的体育运动。作为一项群体性运动，在自我塑造的过程中，啦啦操蕴含的团队文化伴随着项目的独立与推广得以传播。同时，啦啦操文化体系构建也在发展中不断完善。

3.以历史继承朝创新发展升华

啦啦操衍生于其他体育项目，从单纯为其他项目加油助威，到凝练出项目的本质属性"团队文化"和核心价值"团队精神"，实现了从助演效用向文化沉淀迈进。

随着啦啦操运动的文化理念不断深化，其组织管理日益完善。啦啦操文化既保留了传统的体育发展理念和组织形式，又随着时代的发展被赋予新的内容和特征，并在其传承中实现创新。啦啦操虽然传入国内时间较短，但是很快受到学生群体的喜爱，人们结合其在国际上的流行趋势，提炼出了"团队、时尚、活力"的文化特征。随着啦啦操在国内普及的深入，中国提出了啦啦操"团队、自信、卓越"的新的文化特征和"凝练体育卓越品质，传承团队奉献精神"的发展理念，推出了一系列极具中国特色的活动。如将中国古诗词与啦啦操巧妙结合的"经典咏流传"校园大课间啦啦操，彰显了中国啦啦操在积极与国际接轨的同时，坚持本土化发展，既弘扬了文化自信，又在创造中继承，在创新中发展。

四、啦啦操文化与学校文化

（一）啦啦操文化孕育于学校文化

现代啦啦操在20世纪70年代起源于美国大学校园，是师生自发组成的助威团队，在体育比赛中，用歌声、欢呼声、手势引导观众为各自支持的球队加油，起到鼓舞士气、震慑对手的作用。啦啦操最初是一种为美式橄榄球比赛加油助威的活动形式，为了增加声援的效果，吸引更多的观众为自己支持的球队加油，后来加入喇叭、花球等道具以及舞蹈、抛接等表演形式。之后啦啦操发展成为校园师生独特的娱乐方式，逐渐被美国篮球等其他体育竞赛吸纳并进入赛事运营。

中国啦啦操在20世纪90年代源起于中国大学生篮球联赛，作为中场助演的啦啦操表演，既缓解了赛场比赛的紧张气氛，又营造了赛场的欢乐氛围。至此，啦啦操逐渐被大众熟知喜爱，并迅速在各大高校推广普及。

中外啦啦操都是孕育于校园这个特定的文化环境中，在与其他体育项目交融互通中，汲取了学校文化的精髓，挖掘出项目特色，与学校文化共同发展。

（二）啦啦操文化与学校文化共荣发展

啦啦操因青春活力的外在表现与团队精神的内隐价值先被学生群体接受，继而校园成为学生展示、交流啦啦操文化的舞台，啦啦操文化也成为学校文化的组成部分，其呈现的文化内涵和表现形式与学校文化紧密相连。

学校文化呈现的群体和青春活力的属性与啦啦操文化交互共荣。啦啦操"团队、自信、卓越"的文化特征是学校文化核心价值的体现，啦啦操健身、娱乐、休闲的功能价值，顺应了学校文化从过去"强体"的单一需求向"在快乐中享受体育运动"的转型追求。啦啦操通过学校课程、大课间、竞赛表演等丰富的表现形式拓宽了学校文化的育人路径，让学生在啦啦操运动中展示自己的能力，收获快乐、感悟成长，为学校文化的教育功能赋能增效。同时，啦啦操助力其他校内体育活动，在互动中共同进步，增强了学校的凝聚力，为学校文化的交互聚力赋能提质。

第二节　啦啦操之精神文化

精神文化是在物质文化基础上产生的一种人类所特有的意识形态和文化观念的集合，是文化精神、文化道德、价值观念、文化理念的总和，具有继承性和发展性的特征，是推动物质文化发展的内在动力。由于精神文化是物质文化在观念意识上的体现，因此在不同的领域有不同的表现和含义。

啦啦操的精神文化表现在其呈现的文化理念、发展目标、价值观念等方面，是啦啦操运动发展的核心动力。

中国蹦床与技巧协会啦啦操分会提出了啦啦操"凝练卓越体育品质，传承团队奉献精神"的发展理念；树立了啦啦操"育体、育心、育人"的价值观；通过培养"四好"运动员（品德好、学习好、气质好、技术好）来展现啦啦操的育人价值，以此实现"享受乐趣、增强体质、健全人格、锤炼意志"的发展目标。

一些学校根据本校的发展特色，在"以人为本、成人成才、全面发展"的办学理念和"质量立校、科研兴校、文化治校、特色强校"的办学方针的指导下，提出了"育人、育智、强体、尚美"的啦啦操特色办学理念。

啦啦操一般以团队的形式出现在赛场和舞台上，强调协同一致的团队精神、全心全意的奉献精神、超越自我的体育精神，可引领团队成员的思想成长，对团队成员具有普遍的影响力、约束力和凝聚力，以富有特色的识别性，感染并吸引着社会大众的关注和参与。

一、啦啦操精神文化的表现

（一）协同一致的团队精神

团队精神是在集体活动中，个人表现出的全局观念、大局意识、协同能力和奉献精神。团队精神的核心是团队成员之间协同合作的能力和效果，基础是尊重个人的能力和发展，终极目标是形成具有强大凝聚力的集体。

啦啦操因项目本身的特点，每个成员都有明确的角色定位：从教与学的角度看，有教练员与队员、队长与队员之分；从项目分工的角度看，有底座、保护员、尖子之分。角色是啦啦操运动中对成员关系的定位，有角色就会有责任，有了责任就要有担当。在团队中，个体利益要趋同团队利益，但并不提倡牺牲自我，而是倡导个体在团队活动中既要保持个性、发挥特长，又要主动与他人合作，取他人之长补己之短。为了完成团队最终目标，团队成员要在协作中各展所长，当彼此有冲突时，能够在矛盾中学会理解他人，在摩擦中寻找解决方案。

啦啦操的推广普及要建立在安全的基础上，因此啦啦操一系列极具观赏性的技术动作是团队成员之间完美配合的结果，比如技巧啦啦操中惊险刺激的抛接动作，就需要团队成员具备良好的专注力、高度统一的节奏和充足的耐心准备。①良好的专注力是指抛接动作要求底座和保护员全神贯注地将注意力指向技术动作，排除一切可能干扰技术动作完成的外部因素和内心杂念，从而确保尖子在空中从容不迫地展示翻转等空中姿态；底座和保护员还要根据尖子下落时空中轨迹的不确定性，快速地对各种可能出现的信息进行加工，从而做出准确判断，让尖子安全下落。②高度统一的节奏是指底座、保护员和尖子的动作在时间上的组合形式完全一致，包括动作的节拍和速度。动作的节拍是指动作之间有规律地交替完成，动作的速度是指有规律地交替完成动作的速率。动作的节奏是影响抛接完成的关键因素，也是团队成员相互合作、相互依赖、相互信任，以及在不可预知情景中随机应变解决复杂问题的能力的重要体现。③充足的耐心准备是指所有的技术动作都不是一蹴而就的，全体成员需要花费大量的时间训练基本运动能力，储备专项素质，只有具备了相应难度级别的体能和专项能力，才可以练习相应级别的套路组合。

"手指有长短，能力有高低"，每个人都有自己擅长的方面，也有不足的方面。团队中每个人的思想、行为和最终的决策都会影响团队中的其他人，为了团队的既定目标，成员之间要积极贡献各自的资源和能力，互相帮助。因此，协同一致的团队精神就是团队成员为了团队最高荣誉所展现出的自愿奉献和努力合作的精神。

2021年7月20日，第138次国际奥林匹克委员会全体会议将"更团结"加入奥林匹克格言，奥林匹克格言自此由"更快、更高、更强"变为"更快、更高、更强、更团结"。由此可见，啦啦操文化倡导的团队精神符合国际奥林匹克运动发展的新方向。

（二）全心全意的奉献精神

啦啦操最初只是其他体育运动项目的附属品，在其他运动项目比赛期间以加油呐喊或表演的形式为其声援，表现出不求回报的奉献精神。奉献精神是个体为了社会或者他人的利益愿意付出的素养品质，体现了对他人的关爱、对集体的奉献、对团队的责任。啦啦操因团队文化表现出各运动角色协同配合和多运动角色动态转换的特征，尤其是眼花缭乱的抛接、金字塔、托举等技巧啦啦操动作，是最精彩的表演，而尖子高难度技巧动作的呈现，是底座和保护员默默付出的结果。

例如，技巧啦啦操的成套动作需要运动员根据不同动作在底座、保护员、尖子、中间人等不同角色之间快速灵活地转化，因此每个队员都要有多重技能，才能胜任不同位置的角色担当。每个队员都投入大量的时间和精力进行训练，大家相互合作，以己之长补人之短，默默地为团队做出个人贡献，使得团队战斗力提升、凝聚力加强。

技巧啦啦操的金字塔是由若干个托举动作相连而成。金字塔造型丰富，动作类型复杂，层次转化多变，过渡连接转换迅速，因此参与的人较多，每个人都要审视自己的能力，为金字塔的完成奉献自己的智慧和技术。例如，在三层金字塔中，中间层是关键位置，在底座和尖子之间起着承上启下的作用，既要将底座的力量完美地传递给尖子，又要把尖子的感受准确无误地传达给底座，还要保证自己的动作稳定；而底座既要承受两层高度队员的体重，还要沉着冷静地完成动作，保证肩上两层队员的安全；尖子不仅要克服对于高度的恐惧心理，还要完美地完成各种惊险刺激的技术动作。

（三）超越自我的体育精神

目前，啦啦操已从一种观众在比赛中表达观看热情的方式发展成为一项体育竞赛项目，和足球、乒乓球、体操等运动项目一样，是一项独立的体育运动。《普通高中体育与健康课程标准（2017年版2020年修订）》对体育精神的概述是"自尊自信、勇敢顽强、积极进取、超越自我等"，《义务教育体育与健康课程标准（2022年版）》对体育精神的概述是"积极进取、勇敢顽强、不怕困难、坚持到底、团队精神等"。可见，啦啦操作为一项体育运动，已充分展示了这种体育精神。

competition竞争是竞技体育的特征，是个体和群体之间力争超越对手时表现出的心理状态和行为表现，分为群体之间的竞争和个体之间的竞争。啦啦操作为一项独立的体育竞赛项目，其最高境界是增强团队凝聚力、追求团队最高荣誉。团队之间在竞争的过程中，每个成员都最大限度地贡献个人的智力、体力，勇敢顽强地面对各种挑战，克服困难，积极进取，以创造团队优异成绩；团队内部个体之间，在竞争条件下，自尊心得到激发，迎难而上的勇气更加坚强，争取荣誉的信念更加坚定，但在团队合作中实现了个体的自我发展。团队中合作与竞争始终并存，经历了啦啦操训练和比赛的队员会切实体验到成功或失败的过程，但无论是成功或失败，都是人生的历练；也会体会到合作与竞争的意义，因为合作产生动力，竞争产生压力，两者互相依赖，相辅相成。

团队精神是啦啦操精神文化的本源和核心，具有激励成长的作用；团队成员之间展开有效的合作，可产生积极的情感体验，激发竞争意识和创造力，增强团队的凝聚力。为了实现团队最高荣誉，大家努力奋斗、顽强拼搏、勇于奉献、追求卓越，这种精神通过比赛和表演感染观众和参与者，啦啦操的精神文化便在这种熏陶和互动中得到发展与传承。

二、啦啦操精神文化的效用

（一）协同一致

1.强化团队的协作能力

啦啦操作为一个团队项目，其队员需要在训练中通过长时间的磨合，在彼此信任中形成一种默契，以强化团队的协作能力。如此，队员才能在赛场上完美、准确地展示难、新、美的技术动作，让团队的表现更具观赏性。

2.营造团队的奋进氛围

协同一致的团队精神有助于营造积极向上、勇往直前的团队氛围。为了团队共同目标的实现，训练中，队员互相学习、互相激励，积极分享学习经验；比赛中，队员互相支持、彼此包容，营造良好和谐的团队氛围，激发团队成员的积极性和创造性。

3.促进个人的快速成长

协同一致的团队精神可以让团队成员在拼搏进取、发愤图强的团队中，通过与队友的交流和协同配合，学习到更多的知识和技能，从而提高个人的体能和专项技能。相反，如果个人在团队中表现不佳，那么个人需站在团队的角度审视自己的言行，努力跟上团队的步伐，满足团队的需要，这个过程推动了个人奉献精神的养成和集体荣誉感的增强。

4.促进团队目标的达成

啦啦操团队文化以追求团队最高荣誉为共同的目标和信念，为了团队的集体荣誉，成员之间彼此鼓励、相互支撑，从而形成了强大的团队凝聚力。而协同一致的团队精神，促使团队成员将所有的注意力集中于团队目标的实现上，通过减少或者降低个人的失误来提高团队的表现力，即使在比赛中出现失误，成员之间也会通过彼此提醒，迅速调整状态，继续为团队目标的实现而努力。

啦啦操协同一致的团队精神是啦啦操精神文化的核心所在，在团队追求共同目标的过程中，营造了良好的集体氛围，强化了团队协作能力，促进了个人在集体中的成长与发展。

（二）凝心聚力

1.学会尊重与包容

啦啦操的参与者来自不同的地域或同一地域的不同单位，有着不同的文化背景，在全心全意的奉献精神的指引下，大家互相尊重包容，欣赏彼此的差异性，在合作中寻找共同点，让啦啦操大集体形成更加紧密的合作关系。

2.塑造良好的体育品德

在全心全意的奉献精神的激励下，团队成员为了集体目标的实现，追求卓越，努力提高个人的体能和技能。在自我提升的过程中，有困难，有挑战，这些困难和挑战让大家更加明白：只有个人的优势最大程度地发挥，清楚地定位自己的角色，并勇于承担相应的责任，才能养成良好的体育品德，才能促进个人的健康成长。

3.增强团队的凝聚力

啦啦操是一个多人参与的集体项目，团队最终目标的实现依赖于团队成员之间的默契配合和紧密合作。在全心全意的奉献精神的驱动下，团队成员愿意为集体共同的目标而付出个人的努力，在集体中学会信任和合作，从而增强团队的凝聚力。

4.促进社会的和谐发展

啦啦操参与者以共同的奉献和努力促进了团队的和谐发展，这种责任共担、荣誉共享的奉献精神不仅表现在训练和比赛中，也会转化为社会的凝聚力，在面对困难和挑战时，团队成员团结一致，共同面对，战胜困难。啦啦操参与者在全心全意的奉献精神的激励下，加强团队协作，培养责任感，弘扬集体主义精神，为社会和谐稳定的发展注入了新动力。

（三）超越自我

1.推动个人的自我成长

啦啦操超越自我的体育精神可以激发运动员的潜能，让运动员不断挑战并突破自己的体能极限，去学习新技能。在学习过程中，运动员发现自己技术方面的不足，可以在集体中以交流合作的方式来改进技术动作，一旦技术瓶颈被突破，便可获得极大的成就感和满足感。这个自我完善的过程，可以培养运动员的自信心，让他们在训练和比赛中更加自信地表现自己。而超越自我的体育精神迁移到社会生活中，可以帮助运动员更好地面对生活中的困难和挑战，影响他们的人生轨迹，这就是个人收获成长的过程。

2.传递团队的正能量

超越自我的体育精神，蕴含着顽强拼搏、积极进取，不放弃、不抛弃的价值追求，这种价值追求不仅激励着运动员在训练和比赛中为实现团队最高荣誉而不断追求卓越，同时还向周围的人传递着积极向上的精神风貌，影响并推动着人们不断追求进步与发展。

3.提升心理抗压的能力

啦啦操的训练和比赛难免遇到各种突发事件，如比赛音乐中断、动作失误等，伴随着这些压力和挑战，运动员要学会面对困难，调节并稳定自己的情绪，保持积极的心态。长期训练有素，让运动员可以更加从容不迫地面对挑战，提高应对突发事件的能力。啦啦操是一个依赖团队协作的集体项目，运动员要共同面对集体的挑战，这样才会降低个人分担的压力，所以集体荣誉感可以激发成员团结一致的奋斗精神，增强团队的抗压能力。

4.提升个人与团队的创造力

啦啦操超越自我的体育精神可以有效地促进个人与团队创造力的提升。啦啦操队员需要不断挑战新技术、新动作，在反复的训练中，他们不仅提高了个人的技术水平，也培养了勇于探索的创新能力，而这项能力对他们的成长具有积极意义。

啦啦操作为集体性体育运动项目属于技能主导类表现难美性项群，动作编排要独特，队形和过渡动作变化要合理，音乐制作要新颖，服装搭配要有创意，不仅如此，战术运用还要扬长避短，这样才能在竞争中脱颖而出。

啦啦操超越自我的体育精神不仅促进了个人体能技能上的进步，也促进了团队创造力的提升，还促进了队员在心理和社会适应等方面的健康发展，激励大家勇往直前，追求卓越。

第三节　啦啦操之物质文化

物质文化指人类为了满足生存和发展需要，发明创造的技术和物质产品的显性组合及其表现出的文化。不是所有单个或组合的物质形态都是物质文化，自然状态下存在的物质不属于物质文化的范畴。只有人类创造并使用，能反映人类的生活方式、生存状态和不同历史时期及区域人类文明发展水平的物质形态才被称为物质文化。

啦啦操的物质文化是指啦啦操的文化产品、教学训练以及比赛环境等呈现出的文化特征，是区别于其他体育项目的文化特征之一，是可视性的实际存在的文化内容。啦啦操的文化产品包括口号、服饰、道具、文创产品等，教学训练环境包括场地器材、设施设备等，比赛环境包括比赛等级、比赛规模、比赛频率等。

一、啦啦操的文化产品

文化符号，是指具有某种特定文化意义的标记或记号，是文化传承的表现形式和重要载体。文化符号具有很强的象征性、抽象性和多样性。

口号、道具、服饰等是啦啦操最具特色的文化产品，是一支队伍的文化符号，最能体现队伍的学校文化、城市文化和地域文化。

（一）啦啦操的文化符号

1.队伍的命名

队名是啦啦操队伍特定的文字符号，如同人名一样，是团队之间进行识别的标志，通常具有一定的含义。

（1）队名的作用。

队名展现了啦啦操队给人们的第一印象，一般采用寓意深刻的词汇来体现学校的精神文化，独特并有创意性的队名可以向外传递积极向上的信息。

（2）队伍命名的原则。

代表性：能准确反映队伍的价值理念。

独特性：要有鲜明的特色，便于和其他队伍区分开来。

易记忆：简洁、流畅、易发音，便于快速记忆和传播。

（3）队伍命名的方法。

为了在众多运动队中脱颖而出，队名不仅要有寓意，还要简单明了，容易记住，便于传播，不宜选用拗口复杂的短语。

2.口号的创编

口号是啦啦操最具特色的符号，是一支队伍激励队员顽强拼搏、奋勇向前的体现，充分展示了一支队伍的团队凝聚力和号召力，也是与观众互动最直接的方式。

（1）口号的作用。

一是团队符号之一。啦啦操的口号由语言、传声筒、花球、旗帜、标志牌、横幅等组成，其中，语言主要是指以参赛队伍或表演队伍的队名、队名的字母缩写、队训、校训等，组成的鼓舞人心和健康向上的短语短句。口号是啦啦操区别于其他运动项目最醒目的文化符号之一。

二是展示团队意愿。啦啦操的口号通过节奏分明、清晰响亮的呼喊（国际比赛鼓励使用母语），结合啦啦操特定含义的基本手位以及极具视觉震撼的抛接、托举、翻腾等技术动作，用丰富的面部表情，吸引观众的注意力，表达队伍的愿望。口号展示了团队形象，彰显了团队风采。

三是鼓舞提升士气。巧妙准确的口号，不仅起到鼓舞本队士气的作用，还可以达到震撼竞争对手的效果。

（2）口号使用的原则。

传达价值理念：能准确地表达队伍的特点，让观众迅速领悟团队对外输出的核心价值理念。

利于记忆传播：使用简洁、明了、响亮的语言，便于记忆，容易传播。

驱动情绪情感：能引起观众的情感共鸣，激发观众参与互动的热情，给团队提供有力的支持。

（3）口号创编的方法。

口号创编应该简明扼要，形式新颖有趣，句式押韵或对仗，便于记忆和传播。

3.道具的使用

（1）道具的作用。

啦啦操的道具在比赛表演中起着非常重要的辅助作用，可以加强对感官的冲击力，提升与观众互动的效果。

花球啦啦操使用的是色彩缤纷的花球，既可以用来控制节奏，又可以利用色彩让观众的视觉感官受到冲击，以此来打动观众。

技巧啦啦操可使用喇叭吸引观众的注意力，并把声音传递到更广泛的区域；可用绚丽多彩的花球引导观众加入呐喊阵队；可用印有队名、队徽等的旗帜或横幅与观众互动，营造氛围；可用标志牌上醒目的文字图案引导观众一起呐喊，带动现场气氛。

道具的有效使用可以与观众产生感官上的互动、情绪上的交流，指引观众为自己的队伍加油呐喊，提高自我效能感。

（2）道具使用的原则。

符合动作风格：啦啦操道具的使用应符合动作风格特点，如花球啦啦操使用花球来增强表演效果。

能够安全使用：道具在比赛和表演的过程中，应该注意安全，不能对运动员和观众造成伤害。

增强演示效果：道具在啦啦操比赛和表演中起着辅助作用，要有实际使用效果，帮助运动员更好地完成比赛和表演。

（3）道具使用的方法。

要根据团队的精神文化设计具有象征意义的道具，要与团队的名称、口号、服装等形成统一的视觉效果。如花球啦啦操的道具花球，颜色的选择可以与服装的颜色形成对比，如红与蓝，强烈的反差可以清晰地展现手位动作的变化，让观众获得赏心悦目的观感；也可以选择服装上的某个颜色，与服装彼此呼应；还可以选择彩色反光花球，因其表面采用镭射材料制成，在灯光下可以呈现绚丽多彩的炫目效果，为动作一致性的展现增光添彩，给比赛和表演增加亮点。技巧啦啦操的喇叭通常用队伍的吉祥色、吉祥物、队名等来装饰。

4.吉祥物的设计

例如，憨态可掬的吉祥物以独特的形象为啦啦操表演和比赛增添了乐趣，向观众传递着欢乐与友好。

（1）吉祥物的作用。

团队象征：吉祥物以卡通人物和动物等突出啦啦操团队的形象，可以让观众识别和记住各支参赛队伍。

愉悦观众：吉祥物可以在比赛之余调动赛场气氛，以活泼可爱的形象与观众互动，营造出欢快的赛场氛围，为比赛增添快乐，增强观赏性和吸引力。

传播文化：吉祥物既是各支参赛队伍的形象代表，传递着各支参赛队伍所要表达的精神文化，可以让观众更深入地了解各支参赛队伍背后蕴含的人文历史，增加对各支参赛队伍的了解，从而加深对啦啦操文化的了解。

（2）吉祥物设计的原则。

代表团队：吉祥物是团队的形象代表，要体现队伍的特点。

有亲和力：吉祥物的形象要可爱有趣，让观众不由自主地产生亲近的愿望。

易于辨识：吉祥物的形象要生动特别，有高度的辨识度，以便和其他队伍的吉祥物区分开来。

（3）吉祥物设计的方法。

吉祥物的设计要与团队的名称和人文历史等相一致，使用人物、动物、植物等，设计成亲切可爱的形象，同时赋予其鲜明的形象特点和故事背景，以吸引大家的关注和喜爱，从而传播团队的价值理念。

5.服饰的设计

服饰是衣着和装饰，是人类生活中不可或缺的部分，不仅具有遮体保暖和美化的功能，更是人类文明发展的重要载体，反映了一定时期社会生产力的发展水平和人们的审美观念。

啦啦操服饰属于体育运动服饰的范畴，是根据啦啦操项目风格要求设计的符合啦啦操竞赛规则的服饰，可以达到展示啦啦操项目竞技水平，展现人体美和动作美的目的。

（1）啦啦操服饰的作用。

提升团队识别度：在啦啦操表演或比赛时，服饰是啦啦操队伍给人的第一印象，是啦啦操队伍对外宣传的窗口。通过图案、色彩的设计，让服饰在视觉效果上更具吸引力，可以有效提升团队的辨识度。

增强团队凝聚力：啦啦操属于技能主导类表现难美性项群，艺术表现力是该项群运动员竞技水平的重要表现之一。服饰对于展示运动员身体的形态美、技术技巧的动作美、团队配合的默契美起到至关重要的作用。穿着统一的服装对运动员有着潜移默化的心理暗示，即个体是集体的组成部分，能很好地增强队员对团队的归属感。啦啦操服装的图案和颜色往往蕴含着团队的精神文化，身着体现团队文化的服装，不仅让运动员更加认同自己的团队，也让观众更加了解这支队伍，团队的凝聚力在悄无声息中得到增强。

（2）啦啦操服饰设计的原则。

形象与项目兼顾：啦啦操服饰的设计既要注重团队形象的塑造，又要符合啦啦操青春活力、积极向上的特点，从而突出不同的项目风格。

时尚与功能并重：啦啦操服饰要让运动员穿着舒适合体，能在安全的前提下完成动作，还要兼顾美观与时尚，通过款式设计、颜色搭配、材质选择，让服饰既符合不同项目的要求，又可以展现团队的风采和精神面貌。

创意与创新并存：啦啦操的服饰通过富有创意的细节展现独特的设计元素，通过新颖的剪裁方式呈现独具匠心的设计。

（3）啦啦操服饰设计的方法。

花球啦啦操女生的服装多为分体、连体的裙装或裤装，紧身以突出身体的形体美，图案以简洁明朗的线条为主，上衣前面以字母缩写形式呈现队名，有的队伍为了增加辨识度，在上衣后背还印制了团队的队徽。男生的上衣图案与女生类似，裤子以长裤居多，颜色多以学校的校徽或者队伍的吉祥色为主色调，辅助少量的其他颜色。

技巧啦啦操女生着短上衣和超短裙，男生则是宽松的短袖上衣和长裤，这样的设计是为了方便尖子在高空做技术展示，底座不受服装牵绊，能轻松自如地做托举、抛接等技巧动作。技巧啦啦操服装的颜色和花球啦啦操基本一致，可以采用学校校徽的主色调或者队伍的吉祥色，搭配少量的其他颜色。表演技巧啦啦操和花球啦啦操的女生可佩戴硕大闪亮的蝴蝶结。蝴蝶结是啦啦操很显著很有特色的文化符号，配合女生高高束起的马尾辫，最能体现啦啦操青春活力的项目特征。

爵士啦啦操的服装多是上半身紧身、下半身高开叉的连衣裙，同时根据音乐或者活动主题，设计相适应的服装图案和头饰。这样的服装有利于运动员不受限制地做舒展和延伸的动作，上半身紧身的设计可以展示优美的手臂动作，下半身高开叉的设计可以清晰地展现腿部动作，整体呈现挺拔高雅的气质。服装上附着的一些水钻和亮片，在背景和灯光的映衬下，呈现出流光溢彩的舞台效果。

街舞啦啦操的种类较多，服饰因舞种的不同而有所区别。其中 Hip Hop 融合了较多街舞元素，动作自由灵动，强调身体的律动和控制及大幅度的身体位移，上肢动作较多，而下肢多变的舞蹈技巧组合较少，因此运动员喜欢着宽松的衣服，且衣服上印有醒目的标识，还会戴各色围巾，而扎脏辫是街舞啦啦操特有的项目服饰符号。

自由舞蹈啦啦操的风格多样，是我国特有的啦啦操舞种，服饰带有中国独特的元素，比如旗袍式短裙、龙凤祥云图案、少数民族服饰元素等，以此来体现东方文化的深厚底蕴，从而凸显作品的主题，展示各自民族的文化自信。

（二）啦啦操文化符号提取的路径

1.来自学校文化

作为学校文化组成部分的学校啦啦操文化，可以从学校的历史沉淀、文化传统中挖掘可以用来设计的元素。每个学校都有留名校史的杰出校友，对他们的生平事迹进行提取再创造，是当下啦啦操文化最好的时代名片；遵循学校的文化根脉，在学校发展历史的轨迹中探寻校史档案，从学校历史故事中提炼独一无二的文化元素，可凸显啦啦操文化符号的独特性、传承性和教育性；对于历史发展不够深远、文化底蕴不太深厚的新建学校，学校的"三风一训"（校风、教风、学风、校训）可为啦啦操文化符号的提炼提供新思路。

2.来自校园特殊场景

校园内的艺术造型和景观设计是视觉艺术物质化的外在表现，是特定历史时期学校精神文化通过物态化方式展示其稳定而独特的影响力的方式之一。学校的标志如校徽，或者校园中一些具有特殊意义的建筑、雕塑、景观等，为啦啦操文化符号的提取提供了源源不断的素材。可以将学校标志性建筑中最具识别性的细节特征进行拆解，重构图形符号，将建筑细节拟人化，创造出学校啦啦操队伍的队徽、吉祥物、吉祥色等，制作成文创产品。

将学校艺术造型和景观设计背后隐含的历史文化、人文背景转化为抽象化的啦啦操视觉符号，可以让观众在潜移默化中受到学校文化信息的深远影响。因此，啦啦操可通过独具特色的视觉符号来展现学校独特的精神文化。

二、啦啦操的教学训练环境

啦啦操场馆设计、场地器材布置通常会结合团队的精神文化，把国旗、队徽、队旗等图形符号，以及校训、队训、标语等文字符号呈现在墙壁、器材等固定或可移动的背景及设备上，从而展示啦啦队的精神追求。这些镌刻在场馆设备上的可视的文化符号，展现了团队曾经的荣耀和对未来发展的期许，激励着队员朝着团队期望的目标努力奋进。

（一）啦啦操的场地、场馆及设备

啦啦操的基础设施包括训练和比赛的场地、场馆，计算机、灯光、音响等设备。国家体育总局体操运动管理中心全国啦啦操委员会审定的《2021版啦啦操竞赛规则》中规定：技巧啦啦操的比赛场地是12.8 m×16.5 m的泡沫地垫，舞蹈啦啦操的比赛场地是12.8 m×12.8 m的玛丽地胶或者木制地板。啦啦操场馆场地及相关设备在项目发展和文化的推广中起着举足轻重的作用。

1.提供安全保障

专业的地垫和地胶具有一定的缓冲和防滑作用，能够保护运动员在上面表演翻腾、跳跃、抛接、舞蹈等动作时的安全，降低运动伤害的发生，是啦啦操项目有序规范发展的有力保障。

2.提高专项技能

专业的场地、场馆可以为比赛训练提供优质的环境，满足各种难度技术的训练，让运动员敢于挑战新的技术动作，促进运动员竞技水平的不断提高，有助于挖掘运动员的专项潜能，培养运动员勇于拼搏、超越自我的体育精神。

3.增加观赏性

专业的场地、场馆及相关设备可以为观众提供良好的视觉观赏角度，为运动员与观众的精彩互动提供支持；可以吸引更多的人参与啦啦操运动，有效地传播啦啦操文化。

4.促进项目发展

专业的场地、场馆和设备可以有效促进啦啦操项目朝着专业化和规范化的方向发展，丰富的媒体资讯也为项目的深入发展提供了交互式信息交流，让啦啦操文化在持续的创新中得以继承与发展。

（二）啦啦操的训练器材

在啦啦操的训练中，专业的训练器材对促进项目健康有序的发展和团队文化的传播与继承有着重要意义。

1.保护运动员的安全

啦啦操有许多极具观赏性的高难度的技术动作，如翻腾、跳跃、抛接、托举等，高难度伴随着高风险，专业的训练器材如啦啦操气垫、体操垫、海绵包等，可以保护运动员的安全，降低训练中伤害事故的发生。

2.促进一般体能和专项体能的发展

《普通高中教科书 体育与健康 必修 全一册》（2019年人教版）指出：体能是指人体各器官系统的机能在身体活动中表现出的能力。发展体能，不仅是提高体育活动能力的重要因素，而且与个人的健康密切相关。

体能分为两种，一种是与身体健康相关的体能，另一种是与动作技能相关的体能。与身体健康相关的体能包括身体成分、心肺耐力、肌肉力量和肌肉耐力、柔韧，这些体能有效地促进了身体健康，为人们的幸福生活奠定了基础；与动作技能相关的体能包括灵敏、协调、速度、平衡、爆发力等，不仅与人的健康有着密切联系，而且是提高运动能力的基础。这两类体能对于提高生活质量，降低疾病风险具有重要意义。

专项体能是指运动员在体育运动的过程中所承受的运动负荷和适应环境变化的能力。不同的体育运动项目对于专项体能的要求有所不同，一般根据运动项目的特点和技战术的要求，采用与专项运动密切联系或类似的专项体能。

啦啦操在体能上要求运动员体形优美，动作灵活敏捷；在技能上要求运动员有很强的身体控制能力，对时间和空间有准确的判断，与团队成员有良好的沟通与协作；在战术上要求扬长避短。因此，啦啦操一般体能和专项体能训练倾向于灵敏、平衡、协调、柔韧、力量、速度、耐力等。

专业的训练器材可以让运动员有针对性地进行体能训练，如开胯器、压腿垫等可以帮助运动员进行腿部的柔韧训练，从而增强身体素质，为专业技能的学习和提高奠定坚实的体能基础。

3.促进专项技术水平的提升

训练器材的专业化程度直接影响运动员专项技术动作学习的效率。专业的训练器材可以模拟比赛表演的真实情景，帮助运动员尽快建立正确的动作概念，促进运动员尽快学习并掌握技术动作，适应比赛或表演的现实需要。

4.激发和培养学习兴趣

运动员在使用多样化的专业训练器材时，可以对学习保持良好的认知，从而产生积极的情绪体验，避免因枯燥乏味的训练产生消极的情绪，从而有效地激发学习兴趣，将学习行为维持在最佳状态。

5.提高学习的自信

专业的训练器材如技巧保护带、翻腾器、蹦床、各种规格的体操垫和海绵包等，可以为运动员提供除教练员和队友之外的保护，消除运动员在做有风险动作时的心理障碍，让运动员在学习技术动作时更加自信和大胆。

6.释放教练员的压力

啦啦操属于技能主导类表现难美性项群，是一项通过团队通力合作展示高难度精彩动作的运动项目，因此每个技术动作都需要教练员全力以赴地进行保护帮助。科学合理地使用专业的训练器材可以优化教学方法，让教练员从繁重的保护帮助中释放出来，缓解因频繁保护帮助导致体力不支而产生的心理疲劳，进而有更多的精力投入团队的教学管理中。

三、啦啦操的比赛环境

教育部辖属的中国大学生体育协会健美操艺术体操分会主办的啦啦操赛事有：中国学生啦啦操锦标赛或中国校园啦啦操锦标赛，中国大学生足球啦啦队选拔赛，中国大学生篮球联赛啦啦操选拔赛或冠军赛。国家体育总局体操运动管理中心辖属的中国蹦床与技巧协会啦啦操分会，将啦啦操全国赛事分为两大类即联赛和系列赛，联赛包括全国啦啦操分站赛、全国啦啦操俱乐部联赛和全国啦啦操总决赛，系列赛包括全国啦啦操锦标赛、全国啦啦操冠军赛、全国啦啦操精英赛、国际公开赛等。比赛项目分为技巧啦啦操和舞蹈啦啦操。还有其他省市县区级的各类啦啦操比赛和一些国际比赛，赛季贯穿全年，从当年9月开始至第二年8月结束。

比赛环境包括比赛等级、比赛规模、比赛频率，不断完善的竞赛体系为社会全适龄包括残障运动员提供了展示的平台，激励着运动员的成长，推动着啦啦操文化的发展。合适的啦啦操比赛环境至少具有以下功能：

（一）经验的生成与累积

不同等级和规模的啦啦操比赛，反映了运动队不同的竞技水平，等级越高、规模越大的比赛，运动队的竞技能力和在赛场上的表现能力越强。随着比赛频率的增加，参赛队员表现出面对不同等级比赛的适应能力。在与不同对手的竞争中，运动员的专项技能不断改进与提升；在不同层级的比赛中，运动员面临不同的压力和挑战，激发出的斗志和潜能更有利于团队凝聚力的增强，同时在比赛中获得的成功与失败的体验，也是个人成长与团队发展过程中积累的宝贵精神财富。

（二）品牌的建立与传播

大型的啦啦操比赛可以吸引更多业内人士的加入，而大批观众的参与和媒体的关注，使得啦啦操的社会影响的辐射面不断扩大。在等级高、规模大的比赛中，团队需要展示更高超的竞技能力、更有效的团队协同、更精彩的表演内容，来吸引观众的喜爱与互动、裁判员的欣赏与肯定、媒体的报道与宣传。比赛也是团队文化建设的途径之一，随着比赛影响力的扩大，优秀运动队的团队文化通过比赛树立了品牌形象，在与观众、裁判、媒体的互动交流中被广泛了解与认可，从而让啦啦操文化得以传播。

（三）文化的交流与共荣

不同等级与规模的啦啦操赛事的举办，为各运动队提供了交流与展示的平台。来自不同国家、不同区域，使用不同语言的运动队同场竞技，在互相比拼与欣赏中，了解彼此的团队文化。运动队所有成员既了解了不同区域文化的价值追求和文化传统，又开阔了视野，提高了跨文化交流的能力，从而增进了对彼此文化的理解与尊重，有利于形成多元化和包容性的啦啦操文化。

第四节　啦啦操之制度文化

制度文化是指人类为了生存和社会发展的需要而主动创造出来的有组织的规范体系，是人们在物质生产过程中产生的各种社会关系的总和，被社会成员共同获得，并在交流中被传递。制度文化包括社会的法律制度、政治制度、经济制度以及人与人之间的各种关系准则等。

啦啦操的制度文化是指在啦啦操发展过程中人们普遍遵守的行为准则和规范。它主要由三部分组成：一是指在啦啦操的教学、训练、比赛、表演等活动中由参与者获得的习惯、经验、传统而形成的知识积累，属于非正式规范性文化，是成员自己约定的自生自发的规范层面；二是指在啦啦操运动中有意识有目的地进行理性设计的管理制度、竞赛规则、竞赛制度等，属于正式规范性文化；三是指啦啦操活动中的管理组织、机构、媒体网络信息管理等运行机制。其中，啦啦操竞赛规则和竞赛制度对啦啦操运动的发展起着引领与规范的作用。

一、啦啦操非正式规范性文化

啦啦操非正式规范性文化是参与啦啦操活动的成员之间约定俗成，并通过言传身教形成的没有明文规定的行为规范和行为准则，具有共识性、不稳定性和丰富性等特点。

（一）啦啦操非正式规范性文化的特点

1.自愿和共识性

啦啦操非正式规范性文化的共识性表现在啦啦操的教学、训练、比赛、表演等活动中，成员之间达成一致的认识，不需要明确的规定，成员之间以身作则，互相影响。比如，成员之间要相互信任，彼此尊重，团结协作；要积极参与啦啦操文化的推广与传播；要尊重各自运动队的啦啦操文化和历史；要开展建队仪式、比赛前的动员会等一系列具有仪式感的活动。

2.变化和不稳定性

啦啦操非正式规范性文化属于非正规的范畴，没有明确的准则要求，没有正式规范性文化表现出的稳定性，会伴随着时间的推移和地域的变化而有所改变。当然，这种不稳定性为成员之间提供了自由交流的平台，鼓励成员们要敢于挑战惯例，尝试新方法新举措，由此增强了团队的创新能力。可见，这种不稳定性是啦啦操文化不断发展的源泉。

3.广泛和丰富性

啦啦操非正式规范性文化以物质文化为基础，随着时间、地域、环境、历史、风俗的不同而有所变化，表现出广泛性和丰富性。啦啦操作为团队性的艺术与体育的结合，其文化的广泛性体现在团队的合作方式、设计创编的理念和方法等方面；非正式规范性文化的丰富性体现在不同国家和地区的运动队在表演上都有自己独特的风格，且这种丰富性和差异性让不同地域的啦啦操极具观赏性，为其在世界范围内的传播提供了广阔的空间。

（二）啦啦操非正式规范性文化的作用

1.补充与支撑

正式规范性文化本质上具有明确合法性的特征，一旦确定下来就会表现出不轻易改变的稳定性，在面对复杂情境时略显灵活性不足；而啦啦操非正式规范性文化适应性广，可以对成文的规范性制度体系进行补充与支撑。啦啦操非正式规范性文化一旦被成员接受就会长时间地延续下去，而且在持续性演进的过程中，很多内容会被正式规范性文化吸收并继承。比如，口号原来是自发地为其他体育项目加油助威时流传下来的习惯，随着啦啦操的发展，慢慢演变成啦啦操物质文化中不可或缺的部分，成为制度文化中竞赛规则的内容。

2.创新与发展

啦啦操非正式规范性文化在发展演进的过程中表现出的不稳定性和非正式的特征，为啦啦操参与者提供了畅所欲言的机会，在协作的前提下，个体可以自由地表达自己的观点。这种开放的团队氛围，可以激发成员的创造力和想象力，为团队发展提供新的思路，为啦啦操的未来可持续发展贡献新思维。

3.凝心与聚力

啦啦操体现团队精神，在啦啦操非正式规范性文化的影响下，成员因为拥有共同的价值观和行为习惯而聚拢在一起，所以冲突和矛盾在彼此的理解和尊重下减少，沟通和支持更加顺畅。如很多啦啦操运动队遵循着"传帮带"的优良传统，新老队员对口帮扶，自主构建和谐人际关系。在这种宽松的非正式规范性文化的熏陶下，成员分享着彼此的快乐与烦恼，幸福指数逐步提升，团队的凝聚力得到加强，团队既定目标得以实现。

二、啦啦操正式规范性文化

啦啦操正式规范性文化是指在啦啦操的相关活动中，人们有意识地创造出的以规则、规章、制度等形式确定下来的规范体系，由啦啦操的管理组织进行实施与监督，在啦啦操的系列活动中具有合法性和强制性。

啦啦操是一项竞技体育项目，竞赛规则给比赛提供统一和客观的评判标准，对技术动作、竞赛办法、参与者的行为提出规定和要求，确保比赛公平公正。

（一）啦啦操竞赛规则演变的过程

自2001年开始，我国共颁布实施了七版啦啦操竞赛规则，每三到四年进行一次修订。2001年《中国学生啦啦队竞赛评分规则（第一版）》、2004年《中国学生动感啦啦队竞赛评分规则（第二版）》，这两版啦啦操竞赛规则由中国大学生体育协会健美操艺术体操分会制定；2006年《国际全明星啦啦队竞赛评分规则（2006—2009年版）》由国际全明星啦啦队协会审定；2010年《2010—2013年全国啦啦操竞赛规则》、2014年《啦啦操竞赛规则（2014年版）》、2017年《2017—2020周期啦啦操竞赛规则》、2021年《2021版啦啦操竞赛规则》，这四版啦啦操竞赛规则由国家体育总局体操运动管理中心制定（见表2-4-1）。

表2-4-1　2001—2021年我国啦啦操竞赛规则演变一览

竞赛规则名称	执行时间	制定或审定单位
中国学生啦啦队竞赛评分规则（第一版）	2001年	中国大学生体育协会健美操艺术体操分会
中国学生动感啦啦队竞赛评分规则（第二版）	2004年	中国大学生体育协会健美操艺术体操分会
国际全明星啦啦队竞赛评分规则（2006—2009年版）	2006年	国际全明星啦啦队协会
2010—2013年全国啦啦操竞赛规则	2010年	国家体育总局体操运动管理中心

续　表

竞赛规则名称	执行时间	制定或审定单位
啦啦操竞赛规则(2014年版)	2014年	国家体育总局体操运动管理中心
2017—2020周期啦啦操竞赛规则	2017年	国家体育总局体操运动管理中心
2021版啦啦操竞赛规则	2021年	国家体育总局体操运动管理中心 全国啦啦操委员会

（二）啦啦操竞赛规则体系的变化

2014年是我国啦啦操竞赛规则发展进程中的一个分水岭。随着2013年5月国际体育协会吸纳国际啦啦操联合会为其第109个成员组织，标志着啦啦操成为一项独立的运动项目。

2014年，国际啦啦操联合会颁布了啦啦操国际新规则。我国啦啦操相关机构积极与国际接轨，2014年2月，经国家体育总局体操运动管理中心审定，全国啦啦操委员会印制了《啦啦操竞赛规则（2014年版）》。2014年版竞赛规则首次在第一章采用中英文对照的形式对国际啦啦操竞赛规则进行了全面的解读，引导啦啦操项目的教练员和运动员多渠道地了解国际啦啦操竞赛规则的要义。2010年版竞赛规则在第五章设置了"安全准则"，而2014年版竞赛规则将"安全准则"放在了第一章，并且在监管与指导、对教练员执教的要求、比赛和训练环境的选择、服装装备道具的使用、禁用物品的种类等方面作出了明确的规定，突出了竞赛规则对运动员安全的保障作用，降低了比赛训练中的安全隐患，充分体现了啦啦操在推广普及中"安全"的重要性，以及竞赛规则引导啦啦操项目健康发展的意义。2004—2021年我国啦啦操竞赛规则体系变化情况如表2-4-2所示。

表2-4-2　2004—2021年我国啦啦操竞赛规则体系变化一览

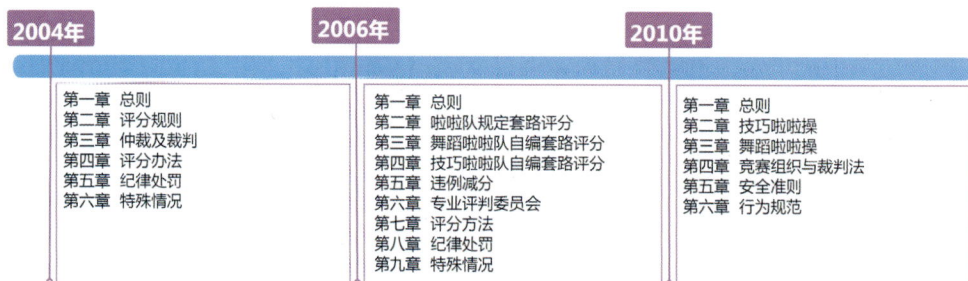

2004年
第一章　总则
第二章　评分规则
第三章　仲裁及裁判
第四章　评分办法
第五章　纪律处罚
第六章　特殊情况

2006年
第一章　总则
第二章　啦啦队规定套路评分
第三章　舞蹈啦啦队自编套路评分
第四章　技巧啦啦队自编套路评分
第五章　违例减分
第六章　专业评判委员会
第七章　评分方法
第八章　纪律处罚
第九章　特殊情况

2010年
第一章　总则
第二章　技巧啦啦操
第三章　舞蹈啦啦操
第四章　竞赛组织与裁判法
第五章　安全准则
第六章　行为规范

2014年

第一章　啦啦操国际规则
1.技巧啦啦操
2.舞蹈啦啦操
第二章　啦啦操国内规则
1.全国啦啦操比赛规定动作
2.全国啦啦操比赛校园课间啦啦操
3.全国啦啦操比赛广场操（舞）
4."中国啦啦之星"争霸赛评分办法
5.中国明星啦啦队选拔办法

2017年

第一章　技巧啦啦操
第二章　舞蹈啦啦操
第三章　全国啦啦操比赛规定动作
第四章　全国啦啦操比赛校园课间啦啦操
第五章　全国啦啦操比赛自由舞蹈啦啦操
第六章　全国啦啦操比赛广场啦啦操（舞）

2021年

第一章　啦啦操项目介绍
第二章　技巧啦啦操
第三章　舞蹈啦啦操
第四章　全国啦啦操比赛规定动作
第五章　全国啦啦操比赛示范套路
第六章　全国啦啦操比赛广场啦啦操

（三）啦啦操竞赛规则各项目定义的演进

2004—2021年，我国啦啦操竞赛规则各项目定义变化情况如表2-4-3所示。

表2-4-3　2004—2021年我国啦啦操竞赛规则各项目定义变化一览

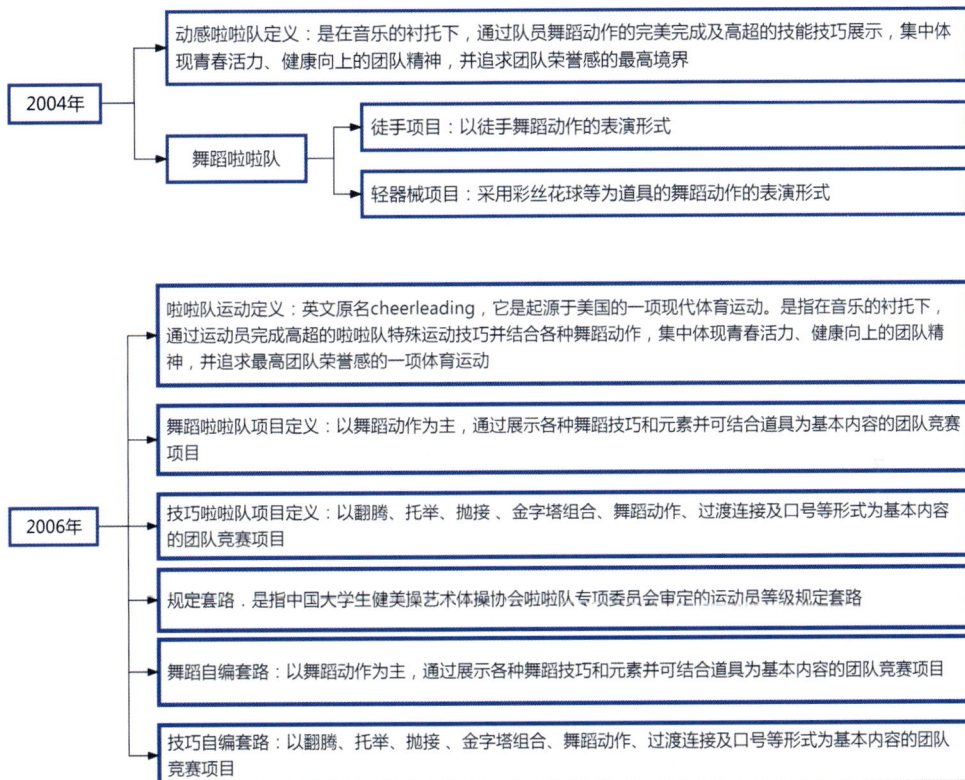

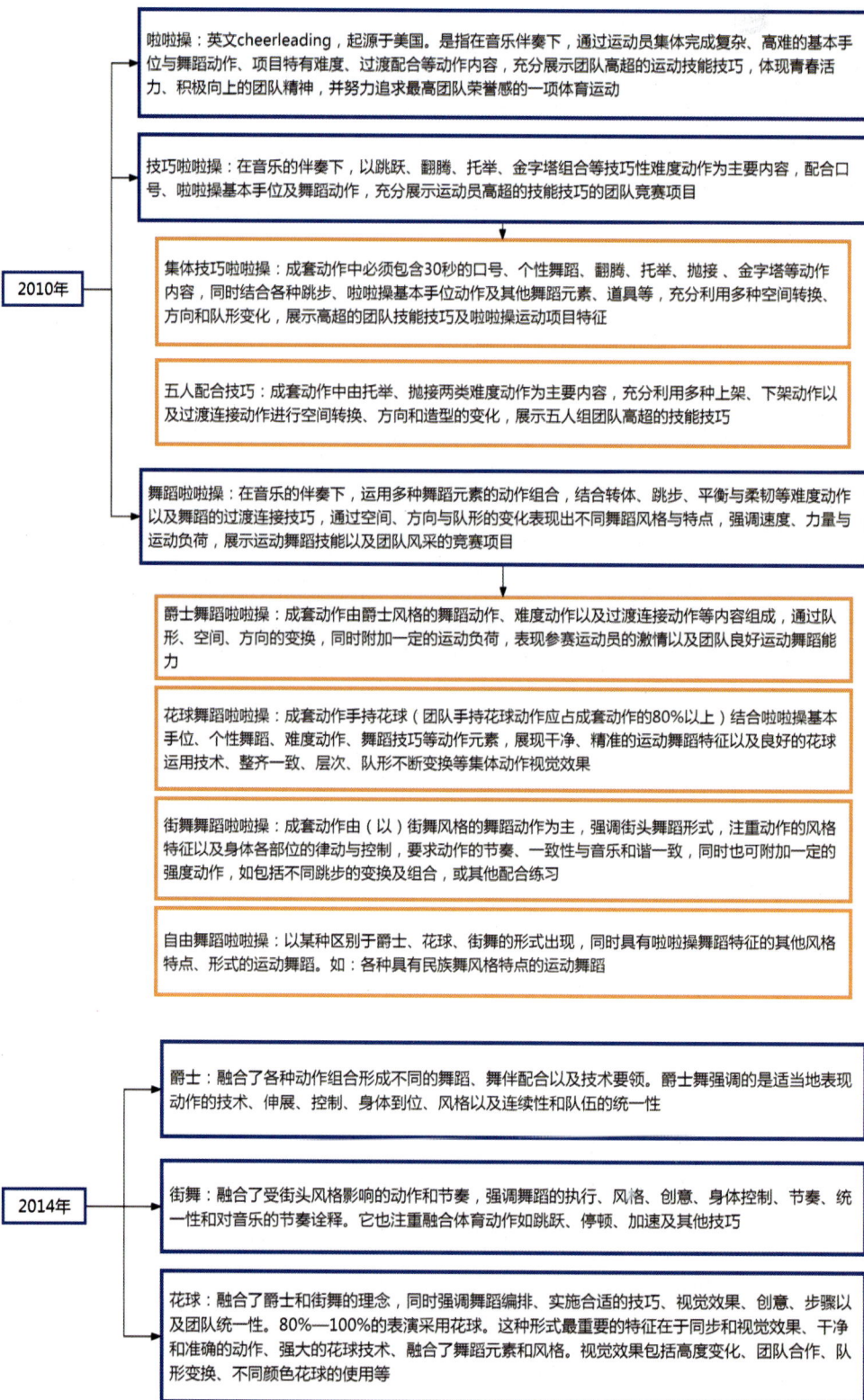

啦啦操：英文cheerleading，起源于美国。是指在音乐伴奏下，通过运动员集体完成复杂、高难的基本手位与舞蹈动作、项目特有难度、过渡配合等动作内容，充分展示团队高超的运动技能技巧，体现青春活力、积极向上的团队精神，并努力追求最高团队荣誉感的一项体育运动

技巧啦啦操：在音乐的伴奏下，以跳跃、翻腾、托举、金字塔组合等技巧性难度动作为主要内容，配合口号、啦啦操基本手位及舞蹈动作，充分展示运动员高超的技能技巧的团队竞赛项目

集体技巧啦啦操：成套动作中必须包含30秒的口号、个性舞蹈、翻腾、托举、抛接、金字塔等动作内容，同时结合各种跳步、啦啦操基本手位动作及其他舞蹈元素、道具等，充分利用多种空间转换、方向和队形变化，展示高超的团队技能技巧及啦啦操运动项目特征

五人配合技巧：成套动作中由托举、抛接两类难度动作为主要内容，充分利用多种上架、下架动作以及过渡连接动作进行空间转换、方向和造型的变化，展示五人组团队高超的技能技巧

2010年

舞蹈啦啦操：在音乐的伴奏下，运用多种舞蹈元素的动作组合，结合转体、跳步、平衡与柔韧等难度动作以及舞蹈的过渡连接技巧，通过空间、方向与队形的变化表现出不同舞蹈风格与特点，强调速度、力量与运动负荷，展示运动舞蹈技能以及团队风采的竞赛项目

爵士舞蹈啦啦操：成套动作由爵士风格的舞蹈动作、难度动作以及过渡连接动作等内容组成，通过队形、空间、方向的变换，同时附加一定的运动负荷，表现参赛运动员的激情以及团队良好运动舞蹈能力

花球舞蹈啦啦操：成套动作手持花球（团队手持花球动作应占成套动作的80%以上）结合啦啦操基本手位、个性舞蹈、难度动作、舞蹈技巧等动作元素，展现干净、精准的运动舞蹈特征以及良好的花球运用技术、整齐一致、层次、队形不断变换等集体动作视觉效果

街舞舞蹈啦啦操：成套动作由（以）街舞风格的舞蹈动作为主，强调街头舞蹈形式，注重动作的风格特征以及身体各部位的律动与控制，要求动作的节奏、一致性与音乐和谐一致，同时也可附加一定的强度动作，如包括不同跳步的变换及组合，或其他配合练习

自由舞蹈啦啦操：以某种区别于爵士、花球、街舞的形式出现，同时具有啦啦操舞蹈特征的其他风格特点、形式的运动舞蹈。如：各种具有民族舞风格特点的运动舞蹈

爵士：融合了各种动作组合形成不同的舞蹈、舞伴配合以及技术要领。爵士舞强调的是适当地表现动作的技术、伸展、控制、身体到位、风格以及连续性和队伍的统一性

2014年

街舞：融合了受街头风格影响的动作和节奏，强调舞蹈的执行、风格、创意、身体控制、节奏、统一性和对音乐的节奏诠释。它也注重融合体育动作如跳跃、停顿、加速及其他技巧

花球：融合了爵士和街舞的理念，同时强调舞蹈编排、实施合适的技巧、视觉效果、创意、步骤以及团队统一性。80%—100%的表演采用花球。这种形式最重要的特征在于同步和视觉效果、干净和准确的动作、强大的花球技术、融合了舞蹈元素和风格。视觉效果包括高度变化、团队合作、队形变换、不同颜色花球的使用等

花球：融合了爵士和街舞的理念，同时强调舞蹈编排、实施合适的技巧、视觉效果、创意、步骤以及团队统一性。全程需要100%使用花球。这种形式最重要的特征在于同步和视觉效果、干净和准确的动作、强大的花球技术、融合了舞蹈元素和风格。视觉效果包括高度变化、团队合作、队形变换、不同颜色花球的使用等

爵士：融合了各种动作组合形成不同的舞蹈、舞伴配合以及技术要领。爵士舞蹈风格强调的是适当的表现动作的技术、伸展、控制、身体位置、风格以及连续性和团队的统一性

2017年

街舞：融合了受街头风格影响的动作和节奏，强调舞蹈的执行、风格、创意、身体控制、节奏、统一性和对音乐的节奏诠释。它也注重融合体育动作，如跳跃、停顿、加速及其他技巧

高踢腿：是指一只脚保持与地面的接触，另一只脚用力踢起的动作。高踢腿成套注重运动员的控制、身体高度的一致性、柔韧性、脚尖、同步性，踢腿动作及踢腿动作组合的创造性、多样性等。踢腿动作及踢腿动作组合至少占高踢腿成套的80%

花球啦啦操：成套全程要求使用花球。花球的重点有：一致性、视觉效果、正确的花球手位及技术。动作必须干净、有力、准确。队员整体的同步性应做到整齐划一。成套的视觉效果非常重要，包括层次变化、团队配合和队形变化等。花球成套保留更多传统的啦啦操元素，但可融入街舞和爵士的元素

街舞啦啦操：街舞啦啦操融合了受街头风格影响的动作和律动，重点有完成度、风格性、创意性、身体各部位的分离和控制、律动感、一致性和对音乐的诠释。成套全程中，所有一致的动作应与音乐节奏和律动相配合。其他重点有运动水平和技能的展现，如跳跃、定格、地板动作和其他技巧。需要穿着能明显体现出街舞文化的服饰

2021年

爵士啦啦操：爵士啦啦操融合并展现了传统且具有爵士风格的动作和组合，且富有力度、冲击力、表现力，并含有队形变化，团队配合及技术技巧等元素。爵士的重点有：正确的技术完成、延伸、控制、身体姿态、风格性、对音乐的诠释、动作的连贯性及团队一致性。成套总体应有效利用音乐，展现出快节奏的、生动的、能量充沛的、积极的、与音乐协和的动作

高踢腿啦啦操：高踢腿成套中融合了多样风格的踢腿技术技巧动作，富有创意性，具有舞台展现性。成套全程应展现出多种不同的踢腿，包括但不仅限于：高踢腿、低踢腿、斜线踢腿、扇形踢腿、跳跃踢腿等。高踢腿的重点有：准确性、合拍性、控制、正确的技术和（踢腿）高度的一致性

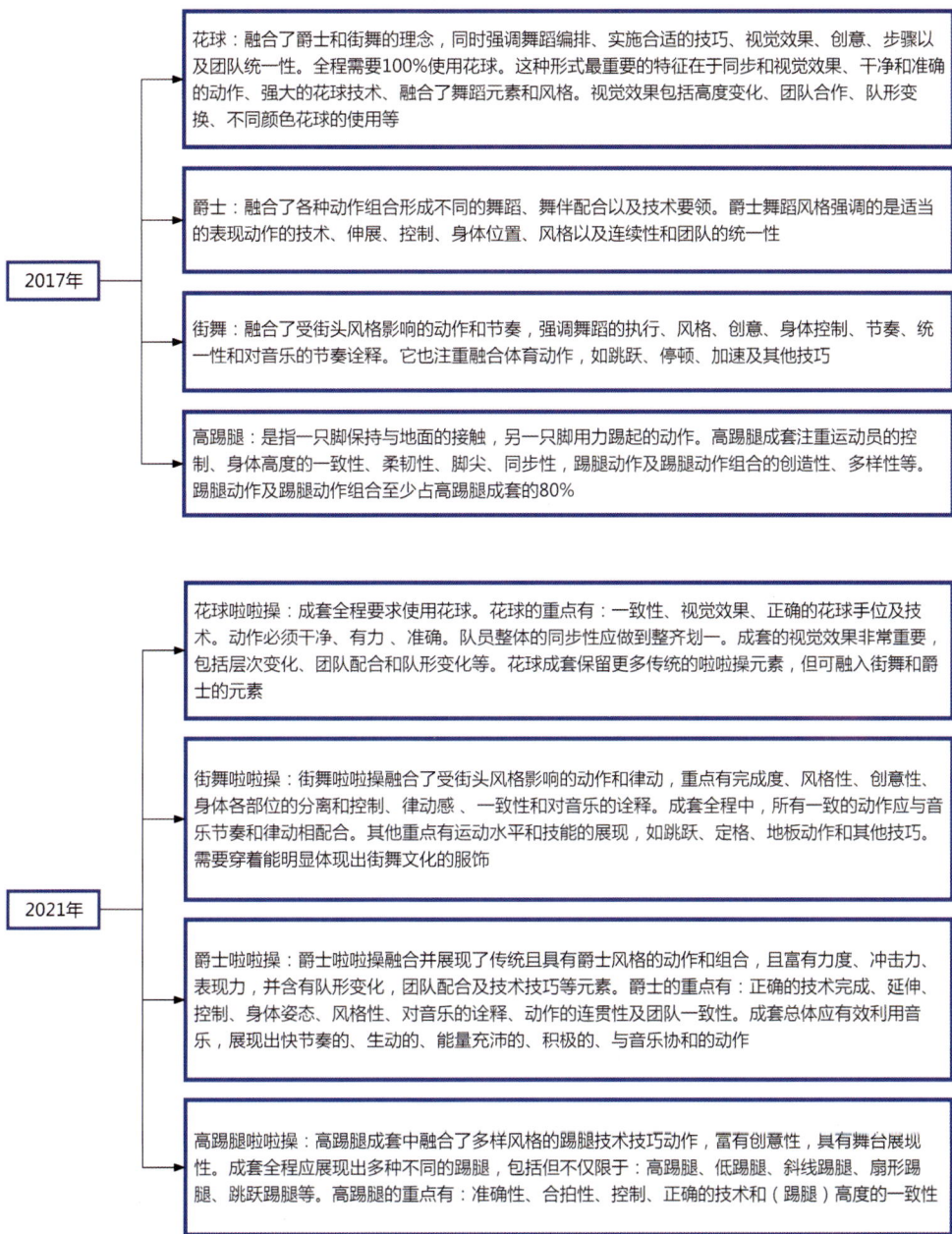

　　2004—2010年的三版啦啦操竞赛规则立足当时国内啦啦操发展的实际情况，对项目进行了定义。2006年版竞赛规则参照国际啦啦操竞赛规则，首次根据啦啦操项目的特点对舞蹈啦啦队和技巧啦啦队项目进行了概念界定，2010年版竞赛规则对啦啦操、技巧啦啦操、舞蹈啦啦操、爵士舞蹈啦啦操、花球舞蹈啦啦操、街舞舞蹈啦啦操、自由舞蹈啦啦操的内涵和外延进行了说明，让大家充分理解各个

项目的概念，便于在统一语境中进行有效的交流。

2010年版竞赛规则用"啦啦操"替换了前几个版本的"啦啦队"的称谓，"队"的语义解释是集体，是一群人的活动，"操"的语义解释是技术性和规范性的体育活动。名称的改变，让啦啦操项目朝着明晰的专业化方向发展。

2004年到2021年，从对舞蹈啦啦操中"花球啦啦操""街舞啦啦操""爵士啦啦操""高踢腿啦啦操"定义描述的变化可以看出，舞蹈啦啦操在多年的发展过程中，各个项目的风格逐渐清晰，各个项目的技术特点更加显著。如：花球啦啦操从2014年版的"80%—100%的表演采用花球"，到2017年版的"全程需要100%使用花球"和2021年版的"成套全程要求使用花球"；2014年版和2017年版中"融合了爵士和街舞的理念"的描述，2021年版中"可融入街舞和爵士的元素"的表述。根据不同风格将项目进行了分类归纳。确保了各个项目概念的标准化，让教练员、运动员、观众对不同项目构建正确的认知体系，保证啦啦操竞赛规则在实际使用中概念界定的一致性。

技巧啦啦操的定义从2010年版确定后没有再进行补充和修改，说明技巧啦啦操这一概念的语义使用范围很准确，能科学地反映技巧啦啦操项目的本质属性，体现了其在啦啦操领域使用时的唯一性和明确性。

（四）啦啦操竞赛规则项目设置的变化

2001—2021年，我国啦啦操竞赛规则项目设置变化情况如表2-4-4所示。

表2-4-4　2001—2021年我国啦啦操竞赛规则项目设置一览

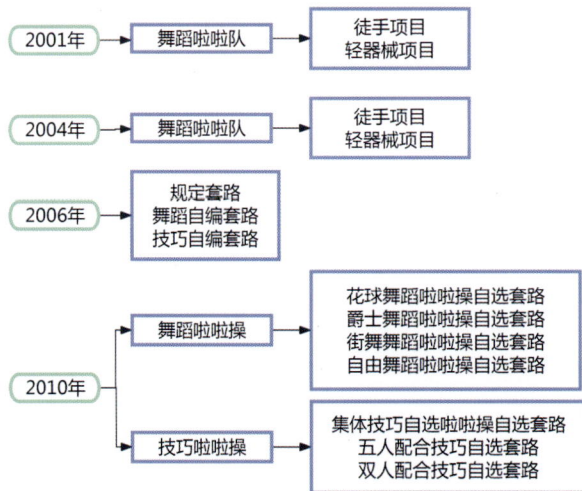

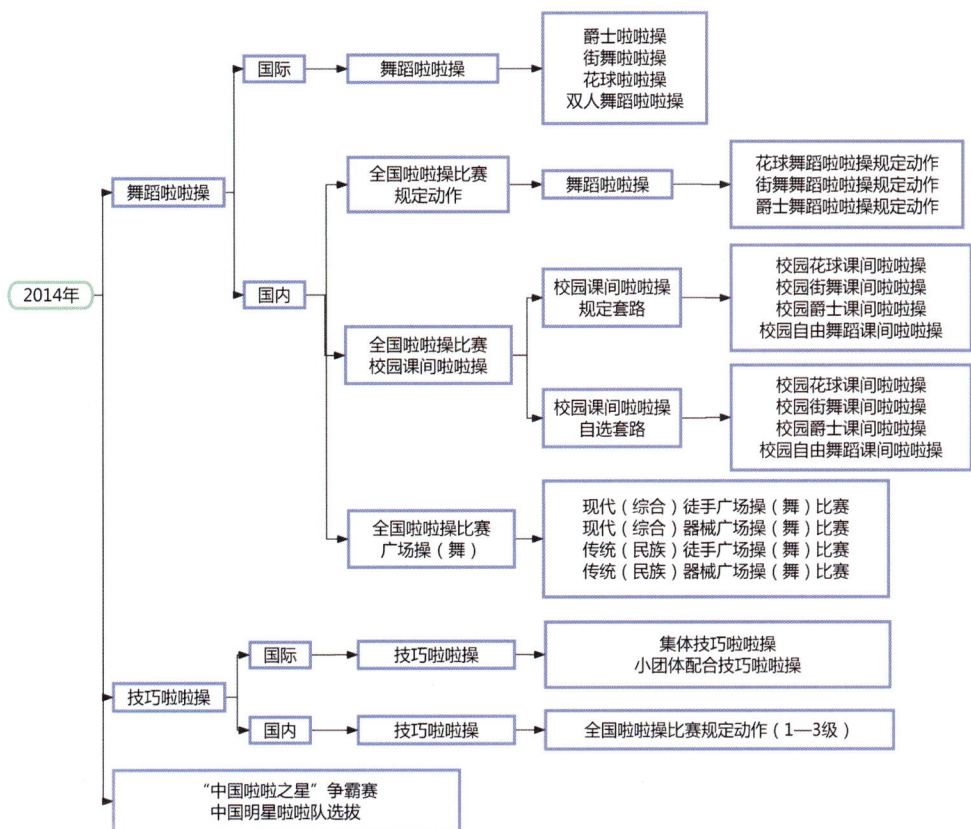

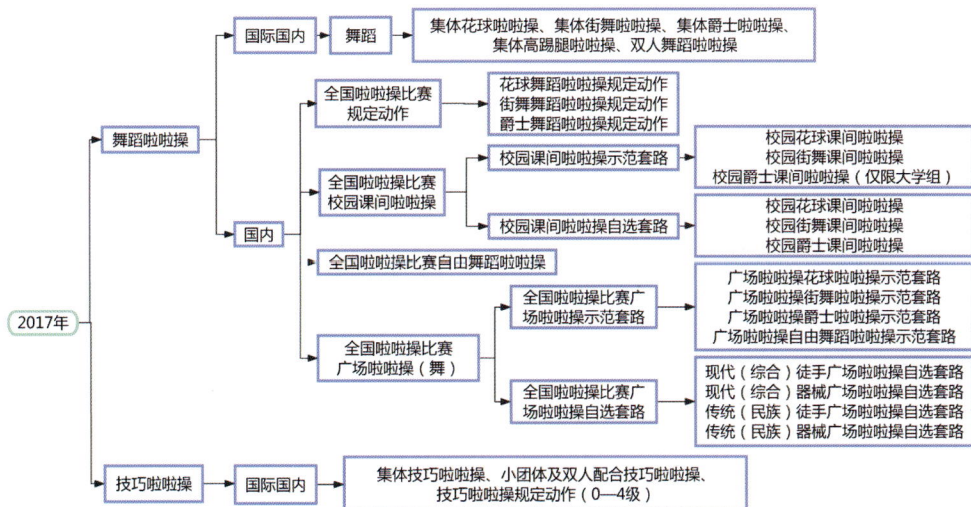

2021年
├─ 舞蹈啦啦操
│ ├─ 国际 —— 集体花球、集体街舞、集体爵士、集体高踢腿、双人舞蹈、比赛日舞蹈
│ └─ 国内
│   ├─ 舞蹈啦啦操 —— 集体花球啦啦操、集体街舞啦啦操、集体爵士啦啦操、集体高踢腿啦啦操、双人舞蹈啦啦操、自由舞蹈啦啦操
│   ├─ 全国啦啦操比赛规定动作（0—4级）—— 花球啦啦操规定动作、街舞啦啦操规定动作、爵士啦啦操规定动作
│   └─ 全国啦啦操比赛示范套路
│   ├─ 校园课间啦啦操
│   │ ├─ 校园课间啦啦操示范套路 —— 花球示范套路、街舞示范套路、爵士示范套路（仅限大学组）
│   │ └─ 校园课间啦啦操自选套路 —— 花球啦啦操自选套路、街舞啦啦操自选套路、爵士啦啦操自选套路、自由舞蹈啦啦操自选套路
│   ├─ 全国啦啦操比赛亲子啦啦操 —— 亲子啦啦操示范套路 —— 花球啦啦操示范套路、街舞啦啦操示范套路、爵士啦啦操示范套路
│   ├─ 全国啦啦操比赛职工啦啦操示范套路 —— 办公室啦啦操示范套路、教师啦啦操示范套路、医护啦啦操示范套路
│   └─ 全国啦啦操比赛社区啦啦操示范套路 —— 花球啦啦操示范套路、街舞啦啦操示范套路、爵士啦啦操示范套路、自由舞蹈啦啦操示范套路
└─ 技巧啦啦操
   ├─ 国际 —— 集体技巧、都市技巧、双人配合技巧、小团体配合技巧、集体技巧、比赛日技巧
   └─ 国内
      ├─ 集体技巧啦啦操 —— 小团体配合技巧啦啦操、混合双人配合技巧啦啦操
      └─ 规定动作：技巧啦啦操规定动作（0—4级）

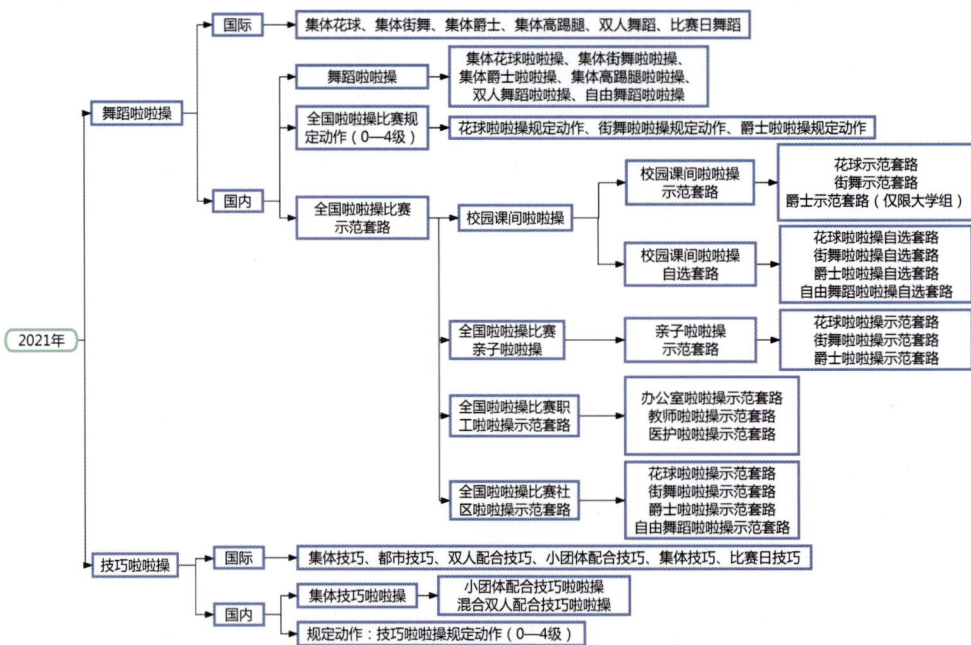

从表 2-4-4 的七版啦啦操竞赛规则中可以看出，竞赛项目设置变化很大，2001 年版和 2004 年版只设置了舞蹈啦啦队徒手和轻器械两个项目；2006 年版增加了由中国大学生体育协会健美操艺术体操分会啦啦队专项委员会审定的规定套路，还增加了舞蹈和技巧自编套路；2010 年版开始细化竞赛项目，舞蹈啦啦操有花球舞蹈啦啦操自选套路、爵士舞蹈啦啦操自选套路、街舞舞蹈啦啦操自选套路、自由舞蹈啦啦操自选套路，技巧啦啦操有集体技巧啦啦操自选套路、五人配合技巧啦啦操自选套路和双人配合技巧啦啦操自选套路，取消了舞蹈啦啦操和技巧啦啦操规定套路。这四版竞赛项目设置的变化反映了啦啦操刚进入我国时，项目的设置处于摸索阶段，从单纯的模仿国外对啦啦操项目的设置，到用规定套路引导教练员、运动员对啦啦操项目从了解到理解，指引啦啦操朝着规范化方向发展，然后又取消规定套路，这样的改变给予教练员更多的创编机会，利于提高他们的创新能力。

为实施"阳光体育工程"，促进青少年素质教育和校园体育文化健身，2010 年 7 月国家体育总局体操运动管理中心审定颁布了《全国啦啦操规定套路（第一套）》。而《2010—2013 年全国啦啦操竞赛规则》是在 2010 年 1 月 1 日执行的，因此该竞赛规则里没有规定套路的比赛项目。

为了再次规范啦啦操的技术发展，国内啦啦操竞赛规则从 2014 年开始重新设

置了规定动作，由国家体育总局体操运动管理中心每三至四年审核并颁布新的规定套路，已经颁布的有《全国啦啦操规定套路（第二套）》《2016版全国啦啦操规定套路》《2021版全国啦啦操规定套路》《校园啦啦操示范套路（第三套）》；由教育部体育卫生与艺术教育司和国家体育总局体操运动管理中心联合颁布的有《校园啦啦操示范套路》（2014年）、《校园啦啦操示范套路（第二套）》。在遵循国际最新啦啦操竞赛规则的基础上，基于当时我国啦啦操在学校及社会仍处于初级发展阶段，能熟练掌握啦啦操技术特征和创编的专业人才不多，啦啦操规定套路动作的设置指导了国内啦啦操朝着科学性和专业化的方向发展，为该项目在我国的普及推广提供了强有力的支撑。

1995年，国务院颁布的《全民健身计划纲要》提出到2010年的总体发展目标：努力实现体育与国民经济和社会事业的协调发展，全面提高中华民族的体质与健康水平，基本建成具有中国特色的全民健身体系。2009年国务院颁布的《全民健身条例》和2021年国务院颁布的《全民健身计划（2021—2025年）》等文件构建了全民健身的政策体系，为我国全民健身活动的开展提供了有力的支持和指导，广大群众健身的热情持续高涨。啦啦操作为体育项目，不仅具有竞赛、表演的功能，还有健身、娱乐、休闲的效力。啦啦操的普及与推广需要吸引更多的人群参与，从我国的实际情况出发，2014年版竞赛规则设置了校园课间啦啦操规定套路；2017年增设了校园课间啦啦操示范套路，删除了校园课间啦啦操规定套路；2021年版竞赛规则保留了校园课间啦啦操示范套路，增设了亲子啦啦操示范套路、职工啦啦操示范套路、社区啦啦操示范套路，为啦啦操向更高层次发展奠定了广泛的群众基础，也推动了全民健身运动的发展。

2014年版竞赛规则中首次增设了全国啦啦操比赛广场操（舞），这一规定是为了丰富啦啦操的表现形式，也是顺应当时广大群众的需要，将啦啦操由校园推广到社区，以吸引更多人的欣赏并参与其中。2017年版竞赛规则将全国啦啦操比赛广场啦啦操（舞）简称为广场啦啦操，是为了突出该项目的核心特点，即啦啦操与广场文化的结合。随着啦啦操迅速在我国普及与推广，2021年版竞赛规则删除了广场啦啦操，这一规定也是为了调整优化啦啦操竞赛项目的设置，以更好地适应竞赛队伍的参赛要求和观众观赏的需求。

我国啦啦操从2014年版竞赛规则开始全面接轨国际啦啦操的发展，技巧啦啦操有集体技巧、小团体技巧，舞蹈啦啦操有花球、爵士、街舞、双人舞蹈，同时2017年版竞赛规则还增加了高踢腿啦啦操。项目设置与国际同步发展，为我国与其他国家在啦啦操领域的交流与合作提供了平台。

我国啦啦操在开启国际化发展的同时，非常注重啦啦操项目本土化发展。2010年版竞赛规则增设了具有民族舞和大众健美操等各种舞蹈形式的自由舞蹈啦啦操。2014年版竞赛规则增设了校园自由舞蹈课间啦啦操，有规定套路和自选套路。2017年版竞赛规则取消了校园自由舞蹈课间啦啦操，又改回了自由舞蹈啦啦操，显而易见是为了将受众人群由学校扩大到社会，吸引更多热爱跳舞的人士参与到该项目中来。2021年版竞赛规则将自由舞蹈啦啦操细分为徒手自选和道具自选，同时还增设了校园课间啦啦操示范套路之自选套路和社区啦啦操示范套路之自由舞蹈示范套路，项目不断丰富和细化，扩大了参与啦啦操的人群基数。因此，自由舞蹈啦啦操是一种新颖的运动项目，是舞蹈与啦啦操的完美结合，是中华传统文化与现代啦啦操碰撞中的创新与融合，是中国特色啦啦操的具体呈现。

（五）啦啦操竞赛规则竞赛组别分类的变化

2001—2021年，我国啦啦操竞赛规则竞赛分组变化情况如表2-4-5所示。

表2-4-5 2001—2021年我国啦啦操竞赛规则竞赛分组变化一览

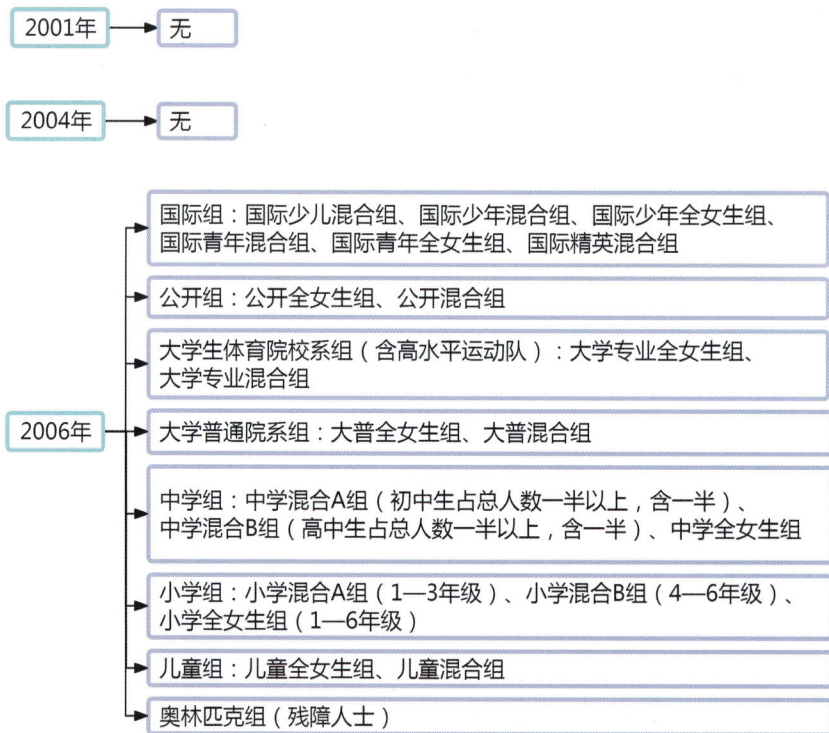

2001年 → 无

2004年 → 无

2006年 →

- 国际组：国际少儿混合组、国际少年混合组、国际少年全女生组、国际青年混合组、国际青年全女生组、国际精英混合组
- 公开组：公开全女生组、公开混合组
- 大学生体育院校系组（含高水平运动队）：大学专业全女生组、大学专业混合组
- 大学普通院系组：大普全女生组、大普混合组
- 中学组：中学混合A组（初中生占总人数一半以上，含一半）、中学混合B组（高中生占总人数一半以上，含一半）、中学全女生组
- 小学组：小学混合A组（1—3年级）、小学混合B组（4—6年级）、小学全女生组（1—6年级）
- 儿童组：儿童全女生组、儿童混合组
- 奥林匹克组（残障人士）

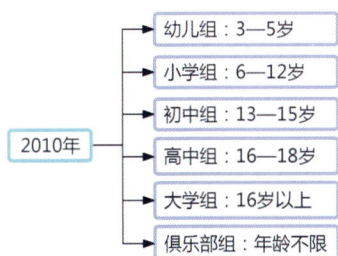

2010年
- 幼儿组：3—5岁
- 小学组：6—12岁
- 初中组：13—15岁
- 高中组：16—18岁
- 大学组：16岁以上
- 俱乐部组：年龄不限

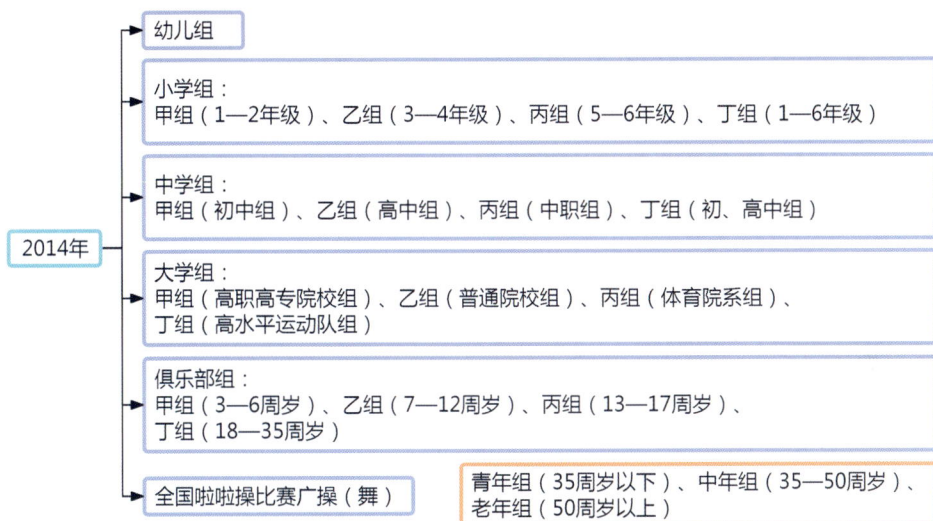

2014年
- 幼儿组
- 小学组：
甲组（1—2年级）、乙组（3—4年级）、丙组（5—6年级）、丁组（1—6年级）
- 中学组：
甲组（初中组）、乙组（高中组）、丙组（中职组）、丁组（初、高中组）
- 大学组：
甲组（高职高专院校组）、乙组（普通院校组）、丙组（体育院系组）、
丁组（高水平运动队组）
- 俱乐部组：
甲组（3—6周岁）、乙组（7—12周岁）、丙组（13—17周岁）、
丁组（18—35周岁）
- 全国啦啦操比赛广操（舞）　青年组（35周岁以下）、中年组（35—50周岁）、
老年组（50周岁以上）

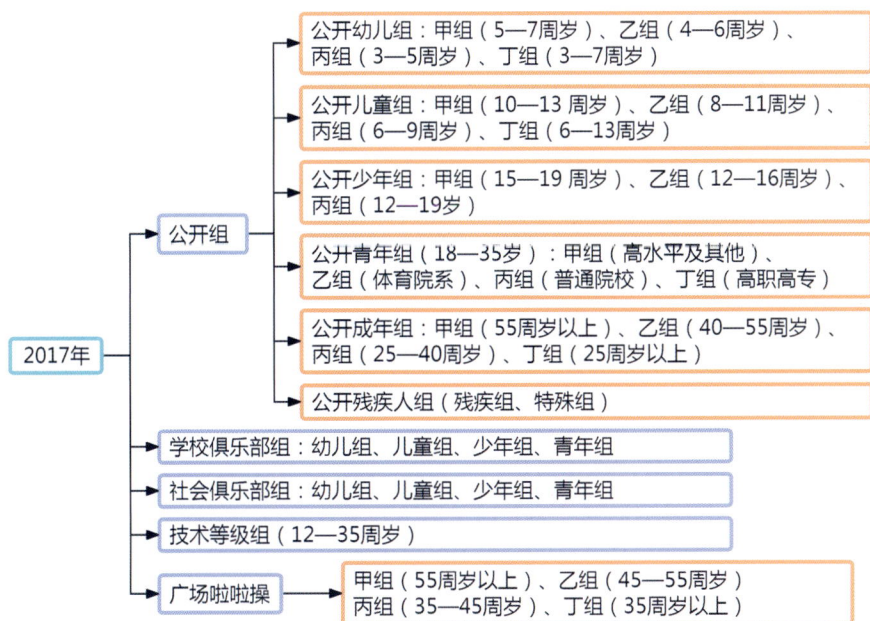

2017年
- 公开组
  - 公开幼儿组：甲组（5—7周岁）、乙组（4—6周岁）、
丙组（3—5周岁）、丁组（3—7周岁）
  - 公开儿童组：甲组（10—13周岁）、乙组（8—11周岁）、
丙组（6—9周岁）、丁组（6—13周岁）
  - 公开少年组：甲组（15—19周岁）、乙组（12—16周岁）、
丙组（12—19岁）
  - 公升青年组（18—35岁）：甲组（高水平及其他）、
乙组（体育院系）、丙组（普通院校）、丁组（高职高专）
  - 公开成年组：甲组（55周岁以上）、乙组（40—55周岁）、
丙组（25—40周岁）、丁组（25周岁以上）
  - 公开残疾人组（残疾组、特殊组）
- 学校俱乐部组：幼儿组、儿童组、少年组、青年组
- 社会俱乐部组：幼儿组、儿童组、少年组、青年组
- 技术等级组（12—35周岁）
- 广场啦啦操　甲组（55周岁以上）、乙组（45—55周岁）
丙组（35—45周岁）、丁组（35周岁以上）

国际组 — 俱乐部组、全明星组、娱乐组、学校组（中小学和大学）、大师组、特殊组、残疾组、各年龄段的国家队

2021年

国内公开组

公开组
- 公开幼儿组：甲组（5—6岁）、乙组（3—4岁）、混合组（3—7岁）
- 公开儿童组：甲组（10—13岁）、乙组（6—9岁）、混合组（6—13岁）
- 公开少年组：甲组（15—19岁）、乙组（12—16岁）、丙组（12—19岁）
- 公开青年组（17—26岁）：甲组（体育院系及高水平组）、乙组（普通院校）、丙组（高职高专）
- 公开成年组：甲组（45周岁以上）、乙组（36—45周岁）、丙组（22—35周岁）、混合组（22周岁以上）
- 公开特别组：特别甲组（含听力、视力其他肢体残疾等）、特别乙组（指智力障碍）、特别混合组（同时含听力、视力其他肢体残疾与智力障碍等）
- 公开亲子组：甲组（少儿运动员年龄：3—7岁）、乙组（少儿运动员年龄：6—13岁）、丙组（少儿运动员年龄：12—19岁）、混合组（少儿运动员年龄：3—19岁）

俱乐部组
- 俱乐部幼儿组：甲组（5—6岁）、乙组（3—4岁）、混合组（3—7岁）
- 俱乐部儿童组：甲组（10—13岁）、乙组（6—9岁）、混合组（6—13岁）
- 俱乐部少年组：甲组（15—19岁）、乙组（12—16岁）、丙组（12—19岁）
- 俱乐部青年组（17—26岁）：甲组（体育院系及高水平组）、乙组（普通院校）、丙组（高职高专）

运动员等级组 — 预备级组（3—7周岁）、七彩星级组（6—14岁）、技术星级组（11—35岁）

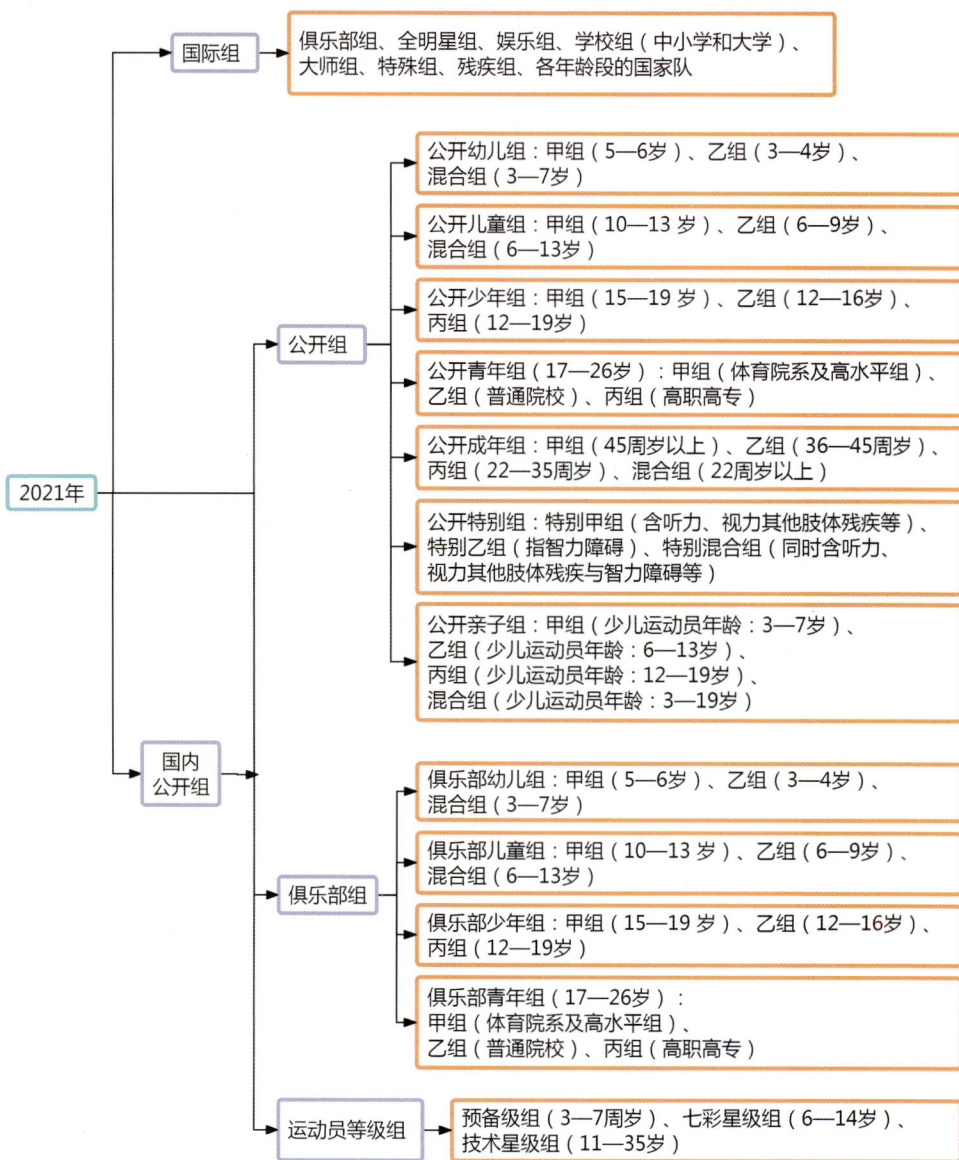

我国的啦啦操竞赛规则在竞赛组别分类上经历了从无到有的发展。从表2-4-5可见，2001年版竞赛规则和2004年版竞赛规则没有组别分类；2006年版竞赛规则开始分为国际组、奥林匹克组（残障人士）、公开组和儿童组，小学和中学按照年级进行分组，大学按照体育院校系和普通院系进行分组；2010年版竞赛规则直接按年龄进行分组，分为幼儿组、小学组、初中组、高中组、大学组和俱乐部组，其中俱乐部组没有年龄限制。

2014年版竞赛规则是我国啦啦操与国际啦啦操接轨的重要体现。啦啦操起源

于大学校园，然后辐射到中小学，最后在全社会产生影响，因此2014年版竞赛规则对竞赛组别的划分，相较前几版更为细致。先按学校学段和年级分为幼儿组、小学组、中学组、大学组四个组别，其中：大学组划分成四个组别，分别是高职高专院校组、普通院校组、体育院系组、高水平运动队组；小学分为甲、乙、丙、丁四个组别；中学按照学段分成初中组、高中组、中职组和初高中组四个组别。此外，还有俱乐部组和全国啦啦操比赛广场操（舞）。俱乐部组按年龄划分成甲、乙、丙、丁四个组别，全国啦啦操比赛广场操（舞）组按35周岁以下、35—50周岁和50周岁以上分成青年组、中年组和老年组三个组别。

2017年版竞赛规则将公开组按照年龄划分为幼儿组、儿童组、少年组、青年组、成年组和残疾人组，广场啦啦操分成甲、乙、丙、丁四个组别。

2021年版竞赛规则分国际组和国内公开组，国际组分为俱乐部组、全明星组、娱乐组、学校组（中小学和大学）、大师组、特殊组、残疾组、各年龄段的国家队八个组别，国内公开组分为公开组、俱乐部组、运动员等级组三个组别。其中，公开组在2017年版竞赛规则基础上继续按照年龄划分，有幼儿组（甲、乙和混合三个组别）、儿童组（甲、乙和混合三个组别）、少年组（甲、乙、丙三个组别）、青年组（甲、乙、丙三个组别）、成年组（甲、乙、丙和混合四个组别），各组的年龄做了微调。同时，增加了公开特别组，按照特殊群体的情况分成特别甲组（含听力、视力其他肢体残疾等）、特别乙组（指智力障碍）、特别混合组（同时含听力、视力其他肢体残疾与智力障碍等）；增加了公开亲子组，按照亲子组少年运动员的年龄分成甲、乙、丙和混合四个组别。俱乐部组按照年龄分为俱乐部幼儿组（甲、乙和混合三个组别）、俱乐部儿童组（甲、乙和混合三个组别）、俱乐部少年组（甲、乙、丙三个组别）、俱乐部青年组（甲、乙、丙三个组别）。运动员等级组按照年龄和技术星级分为预备级组、七彩星级组、技术星级组三个组别。

啦啦操在我国发展至今，已经取得了显著进展，覆盖了社会全适龄人群，从幼儿园到小学、中学、大学，从幼儿到青年、中老年及特别人群，都可以找到适合自己的啦啦操形式。这种广泛的参与性，让啦啦操成为各年龄段人群喜爱的体育运动项目。尤其是运动员等级组的设置，不仅为啦啦操专业运动员的选拔提供了循序渐进的培养路径，还是青少年学习啦啦操收获成长的见证，为啦啦操在我国大众化和社会化提供了广泛的人口基数。

（六）啦啦操竞赛规则评价方式的改变

2004—2021 年，我国啦啦操竞赛规则评分规则变化情况如表2-4-6所示。

表2-4-6　2004—2021年我国啦啦操竞赛规则评分规则变化一览

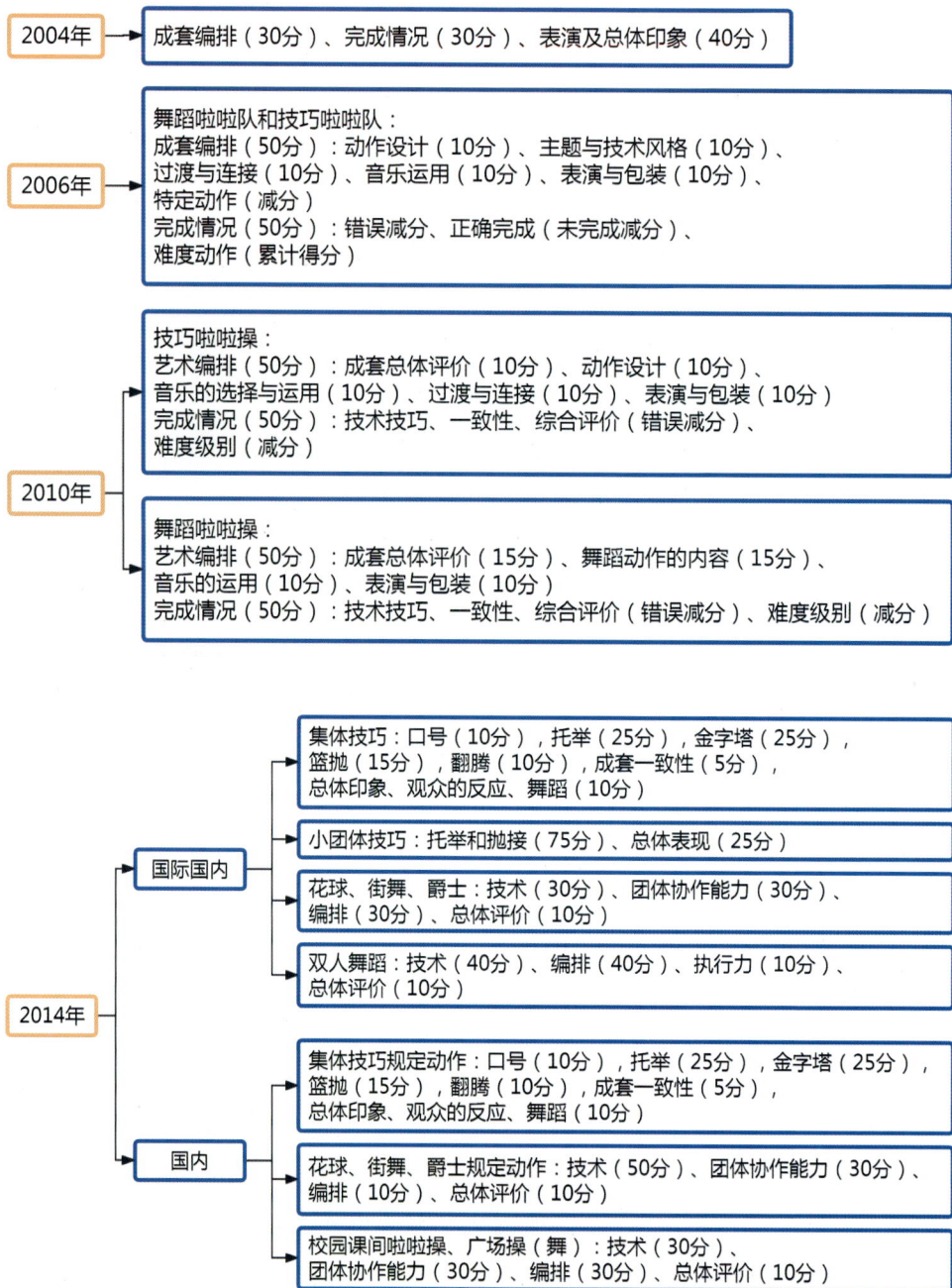

2004年	成套编排（30分）、完成情况（30分）、表演及总体印象（40分）

2006年	舞蹈啦啦队和技巧啦啦队： 成套编排（50分）：动作设计（10分）、主题与技术风格（10分）、过渡与连接（10分）、音乐运用（10分）、表演与包装（10分）、特定动作（减分） 完成情况（50分）：错误减分、正确完成（未完成减分）、难度动作（累计得分）

2010年	技巧啦啦操： 艺术编排（50分）：成套总体评价（10分）、动作设计（10分）、音乐的选择与运用（10分）、过渡与连接（10分）、表演与包装（10分） 完成情况（50分）：技术技巧、一致性、综合评价（错误减分）、难度级别（减分）
	舞蹈啦啦操： 艺术编排（50分）：成套总体评价（15分）、舞蹈动作的内容（15分）、音乐的运用（10分）、表演与包装（10分） 完成情况（50分）：技术技巧、一致性、综合评价（错误减分）、难度级别（减分）

2014年

国际国内：
- 集体技巧：口号（10分），托举（25分），金字塔（25分），篮抛（15分），翻腾（10分），成套一致性（5分），总体印象、观众的反应、舞蹈（10分）
- 小团体技巧：托举和抛接（75分）、总体表现（25分）
- 花球、街舞、爵士：技术（30分）、团体协作能力（30分）、编排（30分）、总体评价（10分）
- 双人舞蹈：技术（40分）、编排（40分）、执行力（10分）、总体评价（10分）

国内：
- 集体技巧规定动作：口号（10分），托举（25分），金字塔（25分），篮抛（15分），翻腾（10分），成套一致性（5分），总体印象、观众的反应、舞蹈（10分）
- 花球、街舞、爵士规定动作：技术（50分）、团体协作能力（30分）、编排（10分）、总体评价（10分）
- 校园课间啦啦操、广场操（舞）：技术（30分）、团体协作能力（30分）、编排（30分）、总体评价（10分）

2017年

国际国内

集体技巧：口号（10分），托举（25分），金字塔（25分），篮抛（15分），翻腾（10分），过渡与流畅性（5分），总体印象、观众的反应（舞蹈）（10分）

小团体及双人配合技巧：托举和抛接（75分）、总体表现（25分）

集体花球、集体街舞、集体爵士、集体高踢腿：技术（30分）、团体协作能力（30分）、编排（30分）、总体评价（10分）

双人舞蹈：技术（40分）、编排（40分）、执行力（10分）、总体评价（10分）

国内

集体技巧规定动作：口号（10分），托举（25分），金字塔（25分），篮抛（15分），翻腾（10分），过渡与流畅性（5分），总体印象、观众的反应（舞蹈）（10分）

集体花球、集体街舞、集体爵士规定动作：技术（30分）、团体协作能力（30分）、编排（30分）、总体评价（10分）

校园课间啦啦操：技术（30分）、团体协作能力（30分）、编排（30分）、总体评价（10分）

自由舞蹈啦啦操：技术（30分）、团体协作能力（30分）、编排（30分）、总体评价（10分）

广场啦啦操：技术（30分）、团体协作能力（30分）、编排（30分）、总体评价（10分）

2021年

国际国内

集体技巧：口号（10分），托举（25分），金字塔（25分），篮抛（15分），翻腾（10分），成套流畅性与过渡性（5分），总体印象、观众吸引力（10分）

小团体及混合双人配合技巧：托举和抛接（75分）、总体表现（25分）

集体花球、集体街舞、集体爵士、集体高踢腿：技术完成（30分）、团体完成（30分）、编排（30分）、总体效果（10分）

双人舞蹈：技术完成（40分）、双人配合（10分）、编排（40分）、总体效果（10分）

国内

集体技巧规定动作：口号（10分），托举（25分），金字塔（25分），篮抛（15分），翻腾（10分），成套流畅性与过渡性（5分），总体印象、观众吸引力（10分）

集体花球、集体街舞、集体爵士规定动作：技术完成（30分）、团体完成（30分）、编排（30分）、总体效果（10分）

示范套路：技术完成（30分）、团体完成（30分）、编排（30分）、总体效果（10分）

自由舞蹈啦啦操：技术执行（30分）、团体完成能力（30分）、编排（30分）、总体效果（10分）

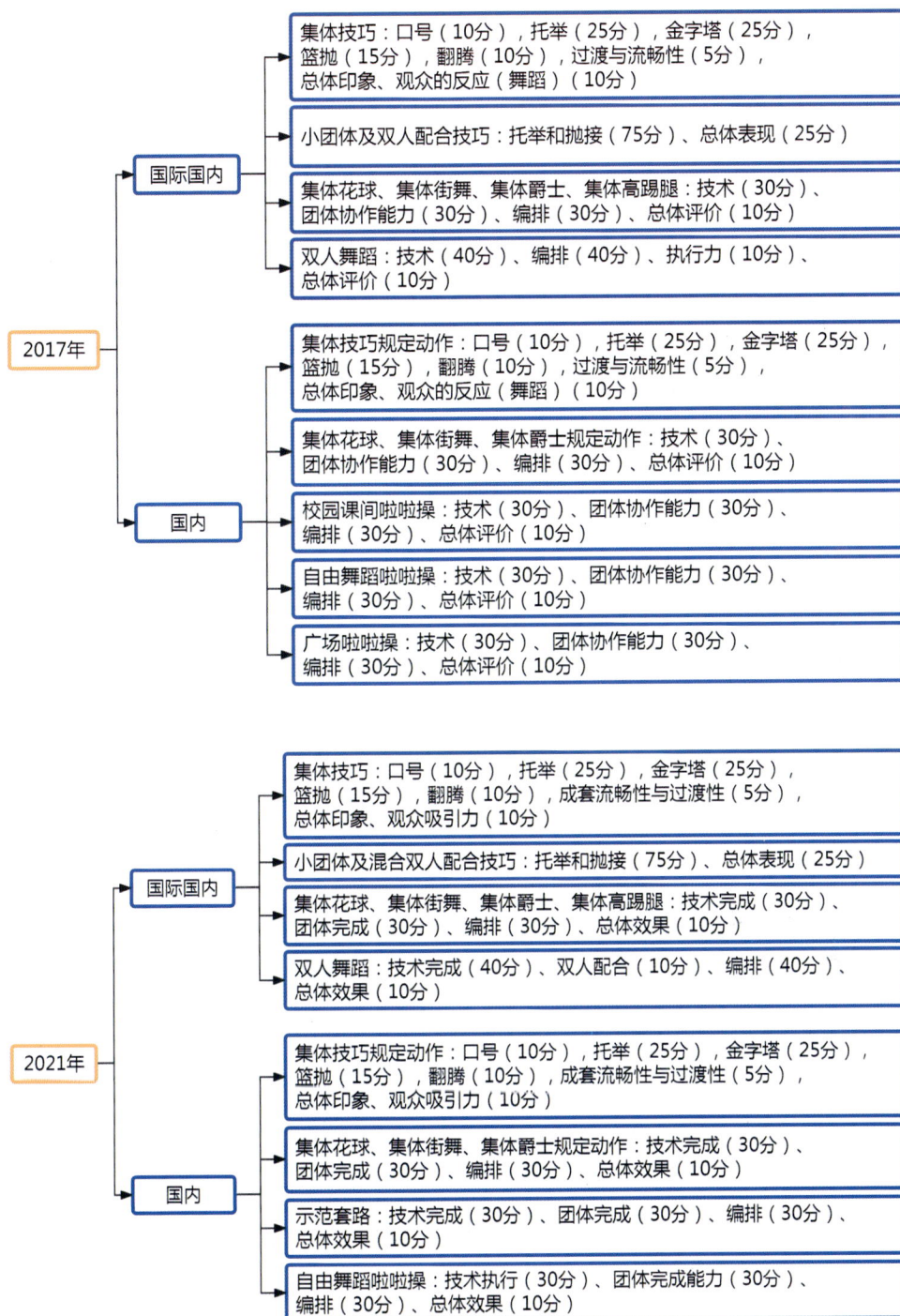

　　2004年《中国学生动感啦啦队竞赛评分规则（第二版）》，2006年《国际全明星啦啦队竞赛评分规则（2006—2009年版）》，2010年《2010—2013年全国啦

啦操竞赛规则》，这三版啦啦操竞赛规则参照了国际体操联合会项目体操、蹦床、技巧、艺术体操、健美操的评分模式，采用的是对成套动作的艺术编排、完成情况、难度动作进行分类评价的方式，由多名裁判组成裁判组进行评判。

2004—2021年，我国啦啦操竞赛规则裁判组结构变化情况如表2-4-7所示。

表2-4-7　2004—2021年我国啦啦操竞赛规则裁判组结构变化一览

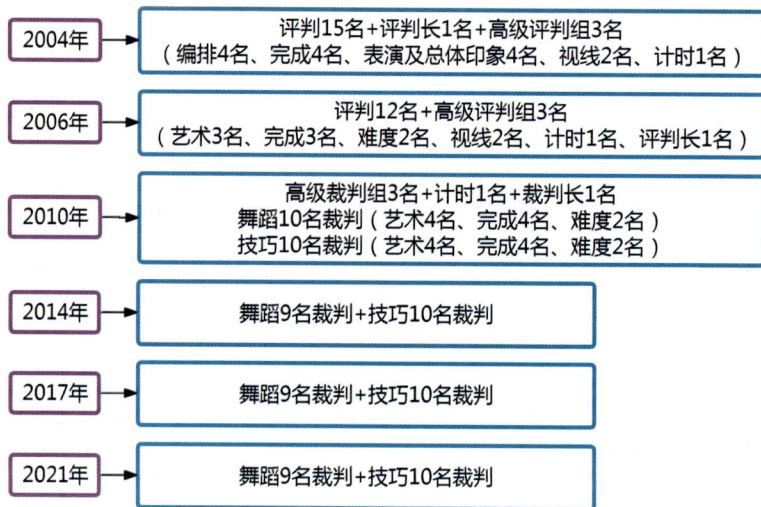

2004年版竞赛规则中评判组由15名评判、1名评判长和3名高级评判组成员组成，其中15名评判中包括4名编排评判、4名完成评判、4名表演及总体印象评判、2名视线评判、1名计时评判。2006年版竞赛规则中评判组由12名评判和3名高级评判组成员组成，其中12名评判中包括3名艺术评判、3名完成评判、2名难度评判、2名视线评判、1名计时评判、1名评判长，其中2名视线评判要判定运动员是否出界，运动员出界要被扣分。

2010年版竞赛规则规定，裁判组由20名裁判、3名高级裁判组成员、1名计时裁判和1名裁判长组成，其中20名裁判分为10名舞蹈啦啦操裁判（4名艺术裁判、4名完成裁判、2名难度裁判）和10名技巧啦啦操裁判（4名艺术裁判、4名完成裁判、2名难度裁判），取消了视线评判，运动员出界不被扣分，这项规定体现了规则对于运动员表现的包容性，鼓励运动员全身心地专注于比赛。2010年版竞赛规则参照了国际啦啦操竞赛规则对裁判组的规定，将"评判"改为"裁判"，突显了裁判在比赛中的核心地位，强调了裁判在比赛中的权威性和专业性。竞赛规则还将裁判分为舞蹈啦啦操裁判和技巧啦啦操裁判两组，这样的分组有助于裁判集中精力地评判运动员在舞蹈啦啦操和技巧啦啦操两类项目中的表现，发挥裁判员在各自擅长领域的专业特长，对比赛做出更加精准和公正的评判。因此，2010年版竞赛规则既有对2004年版和2006年版竞赛规则的继承和改进，又加强了与国际啦啦操竞赛规则的接轨，尤其是裁判的分组方式可引导裁判更加深入地研究舞蹈啦啦操和技巧啦啦操两个不同领域不同项目的技术动作和规则要求，从而提高裁判的专业素养和执裁的准确性及公正性，有利于促进啦啦操项目的健康发展。

2004年版、2006年版和2010年版的评分规则突出对项目客观性和准确性的评价，在当时有利于教练员、运动员认识和了解进而理解啦啦操项目。

2014年开始，评分模式全面改革，开始与国际接轨，从客观精准的评价过渡到综合性评价，舞蹈啦啦操裁判组由9名裁判组成，技巧啦啦操裁判组由10名裁判组成，裁判同时要给成套动作做出艺术、完成、难度的整体性评判，通过相对宽泛的视野和关注全局的眼光来评定运动队的表现。

在评判的过程中，裁判员要先看参与的总人数和组数，再看做了哪些动作，接着看动作是怎么做的，还要看做得怎么样。例如：看人数，技巧啦啦操上场的人数是多少，托举有几组，参与托举的人是全部、大多数，还是小部分；看做了什么，是单底座单臂托举还是多人高位托举，托举层高是两层一人半高还是两层两人半高；看怎么做的，是旋转托举上法还是自由空翻上法；看做得怎么样，托举是否具有多样性和创新性。即先根据队伍整体的表现进行判断，确定等级，然后给出总分，再根据评分标准回顾分析每项小分。舞蹈啦啦操分为"完美""优秀""很好""好""一般""有待加强"和"糟糕"七个等级，技巧啦啦操分为"高于平均水平""介于平均水平"和"低于平均水平"三个等级，最后对照总分，确定最终得分。舞蹈啦啦操和技巧啦啦操的评分标准里都有10分的"总体印象"或"总体效果"，是客观判断与主观判断在规则中融合的体现。

2001—2021年，我国啦啦操竞赛规则出界判罚变化情况如表2-4-8所示，《2021版啦啦操竞赛规则》技巧啦啦操评价分参考值如表2-4-9所示。

表2-4-8　2001—2021年我国啦啦操竞赛规则出界判罚变化一览

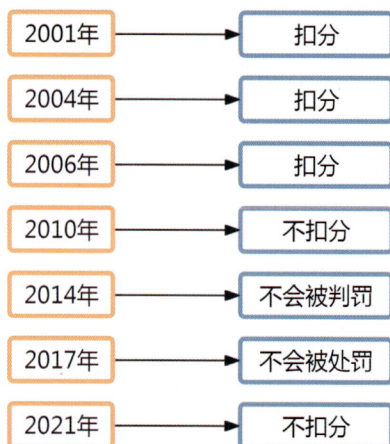

2001年	→	扣分
2004年	→	扣分
2006年	→	扣分
2010年	→	不扣分
2014年	→	不会被判罚
2017年	→	不会被处罚
2021年	→	不扣分

表2-4-9　《2021版啦啦操竞赛规则》技巧啦啦操评价分参考值

动作	低于平均水平/分	介于平均水平/分	高于平均水平/分
口号	0—4.5	5—7.5	8—10
托举	10—14.5	15—19.5	20—25
金字塔	10—14.5	15—19.5	20—25
抛接	0—6.5	7—10.5	11—15
翻腾	0—4.5	5—7.5	8—10
过渡与流畅	1—2.5	3—3.5	4—5
总分	0—4.5	5—7.5	8—10

（七）啦啦操竞赛规则难度动作要求的变化

2001—2021年，我国啦啦操竞赛规则难度动作分类变化情况如表2-4-10所示。

表2-4-10 2001—2021年我国啦啦操竞赛规则难度动作分类变化一览

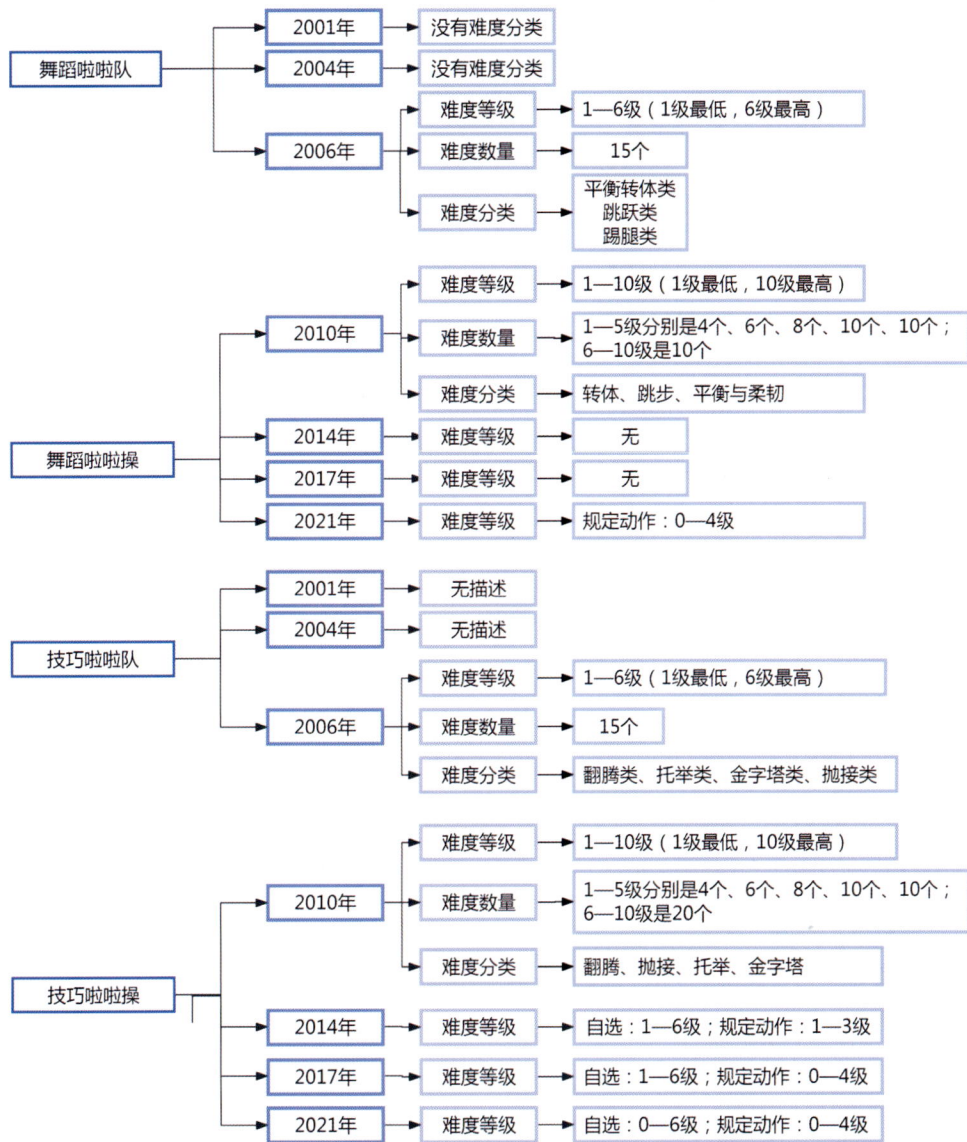

啦啦操属于技能主导类表现难美性项群，技术创新是难美性项群技术技巧不断发展的核心。竞赛规则引导着教练员设计并创造难、新、美的动作，指导运动员不断创新动作，保持项目技术发展处于前沿位置。

纵观我国啦啦操竞赛规则的发展历程，2001—2004年，啦啦操在我国处于发展初期，是一个新兴项目，大家对这个项目很陌生，处于摸索学习阶段，竞赛规则主要借鉴国外啦啦操发展的经验，在技术难度上没有形成明确的分类体系。

随着啦啦操在我国经过引进、学习、探索三个阶段的发展，各方面的经验不断累积，技术动作的分类逐渐形成体系。2006年版竞赛规则中的技巧啦啦队有翻腾类、托举类、金字塔类、抛接类四类难度动作，难度级别分成1—6级，1级最简单，6级最难，成套动作共有15个难度动作；舞蹈啦啦队有平衡转体类、跳跃类、踢腿类三类难度动作，难度级别分成1—6级，1级最简单，6级最难，成套动作共有15个难度动作。

2010年版竞赛规则中的技巧啦啦操仍然分成翻腾、抛接、托举、金字塔四类难度，难度级别分成了1—10级，其中1级最低，10级最高，1—5级分别对应的技巧难度数量为4个、6个、8个、10个、10个，6—10级对应的技巧难度数量为20个；舞蹈啦啦操改为转体类、跳步类、平衡与柔韧类三类难度动作，难度级别分成1—10级，其中1级最低，10级最高，1—5级分别对应的舞蹈难度数量为4个、6个、8个、10个、10个，6—10级对应的舞蹈难度数量为10个。竞赛规则要求参赛队必须根据运动员的实际技术水平，选择合适的难度组别和数量，这些规定确保了运动员在能力范围之内选择难度技术，避免了因个人体能不足发生伤害事故。同时2010年版竞赛规则还规定：运动员所选择的难度级别和数量必须符合本级别难度动作的要求。竞赛规则还以"难度表"的形式对每个级别的难度动作和标准设计了相对应的图形符号进行形象的描述，让运动员在规定范围内选择难度动作和数量，这样既保护了运动员的安全，又给不同技术水平的运动员提供了公平竞争的赛场，推动了啦啦操项目的健康发展。

从2014年开始，我国啦啦操竞赛规则参照国际啦啦操竞赛规则，对于技术动作的描述，取消了难度动作量化的规定。2014年版和2017年版竞赛规则对于技巧啦啦操根据难度等级分为1—6级，2021年版分为0—6级；2014年版技巧啦啦操规定动作根据难度等级分为1—3级，2017年版和2021年版分为0—4级。2014年版、2017年版和2021年版国际竞赛规则对舞蹈啦啦操都没有难度分级，但是我国2021年版竞赛规则对于舞蹈啦啦操规定动作根据难度等级分为0—4级，0级最低，随着数字的增大，越向上难度等级越高。这样的改变，让我国的啦啦操竞赛规则既符合国内发展现状，也更加贴近国际标准，有利于啦啦操在国内的推广国际交往与合作。

技巧啦啦操和舞蹈啦啦操难度评价的改变，体现了竞赛规则更加注重运动员的安全，引导运动队在竞赛规则规定的范围内挖掘团队的潜能，同时更加关注运动队的整体表现，注重技术动作参与的人数，重视根据自身体能选择合适的技术动作的能力。从难度级别选择到技术编排创新的改变，从追求技术动作数量的堆砌到团队动作完成的准确性、一致性的探索和队形的巧妙变化，无不展示了团队表演的艺术性和观赏性，真正体现了啦啦操文化的核心价值——团队精神。

（八）啦啦操竞赛规则各项目参赛人数的变化

2001—2021年，我国啦啦操竞赛规则参赛人数变化情况如表2-4-11所示。

表2-4-11　2001—2021年我国啦啦操竞赛规则参赛人数变化一览

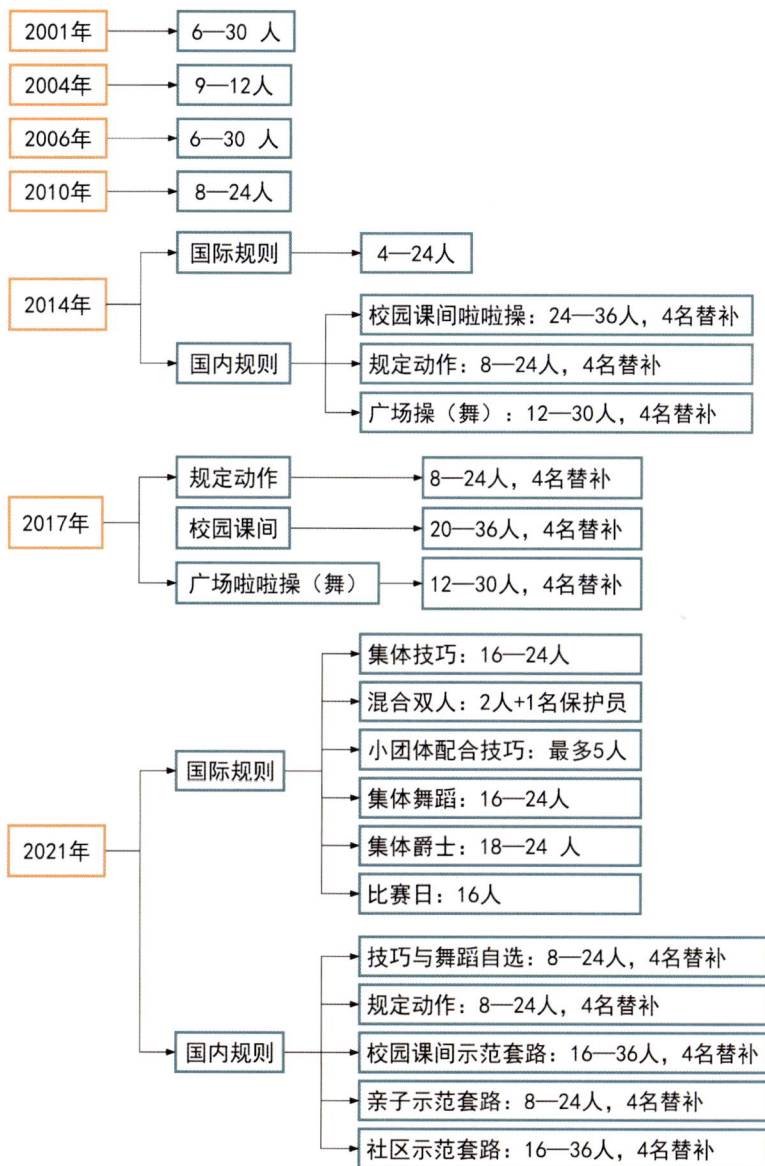

2001年 →	6—30 人
2004年 →	9—12人
2006年 →	6—30 人
2010年 →	8—24人

2014年
- 国际规则 → 4—24人
- 国内规则
  - 校园课间啦啦操：24—36人，4名替补
  - 规定动作：8—24人，4名替补
  - 广场操（舞）：12—30人，4名替补

2017年
- 规定动作 → 8—24人，4名替补
- 校园课间 → 20—36人，4名替补
- 广场啦啦操（舞）→ 12—30人，4名替补

2021年
- 国际规则
  - 集体技巧：16—24人
  - 混合双人：2人+1名保护员
  - 小团体配合技巧：最多5人
  - 集体舞蹈：16—24人
  - 集体爵士：18—24 人
  - 比赛日：16人
- 国内规则
  - 技巧与舞蹈自选：8—24人，4名替补
  - 规定动作：8—24人，4名替补
  - 校园课间示范套路：16—36人，4名替补
  - 亲子示范套路：8—24人，4名替补
  - 社区示范套路：16—36人，4名替补

随着啦啦操在我国的推广普及程度和项目设置的丰富性和多样性，啦啦操竞赛规则对于参赛人数的规定时常发生改变。

2001年版竞赛规则规定的参赛人数是6—30人，2004年版竞赛规则改为9—12人，2006年版竞赛规则的参赛人数重新恢复到6—30人。从2001年版参赛人数的宽泛规定到2004年版参赛人数的减少，再到2006年版参赛人数延续2001年版参赛人数的宽泛规定，可见当时的啦啦操还处于推广的初级阶段，其影响力很小，参与人群很少，由于教练员的短缺和参赛队伍的不足导致参赛项目也较少。

从2010年版开始，至2014年版、2017年版和2021年版，国内的啦啦操竞赛规则规定集体技巧和集体舞蹈参赛人数均为8—24人；2014年版校园课间啦啦操规定人数为24—36人，2017年版为20—36人，2021年版为16—36人，2021年版亲子啦啦操示范套路为8—24人，2021版社区啦啦操示范套路为16—36人。

2014年版竞赛规则中国际竞赛规则部分规定集体项目参赛人数是4—24人，2021年版竞赛规则中国际竞赛规则部分规定集体技巧、集体舞蹈参赛人数分别为16—24人，集体爵士参赛人数为18—24人，比赛日参赛人数为16人。从2014年版到2021年版国际竞赛规则将集体项目参赛人数由4人调整到16人，提高了参赛人数的下限，可见啦啦操在国际范围内推广速度很快。

我国啦啦操竞赛规则对于参赛人数经过多次调整，但2010年版、2014年版、2017年版和2021年版都没有盲目照搬国际竞赛规则对参赛人数的规定，而是立足我国啦啦操推广普及的实际情况，将集体技巧和集体舞蹈的自选项目及规定项目的参赛人数固定为8—24人；而校园课间啦啦操参赛人数的下限2014年版为24人、2017年版为20人、2021年版为16人，下限参赛人数的逐步降低可以为更多的学校提供展示的舞台；亲子啦啦操和社区啦啦操的人数上限和下限的宽泛，极大丰富了我国啦啦操项目的多样化，反映了啦啦操在我国普及的广泛性。

（九）啦啦操竞赛规则比赛场地布置的变化

2001—2021年，我国啦啦操竞赛规则比赛场地变化情况如表2-4-12所示。

近20年来啦啦操竞赛规则对于比赛场地的规定发生了显著变化，这直接影响比赛的进程和运动员的表现。

2001年版、2004年版、2006年版和2010年版这四版啦啦操竞赛规则对于场地的规定是：竞赛场地由三部分组成，赛台、比赛场地和裁判座位区。

这四版竞赛规则对于赛台高度的规定为80—100 cm，后面有背景板遮挡；其中三版竞赛规则对于赛台面积的规定有所变化，2004年版为14 m×14 m，2006年版不得小于13 m×13 m，2010年版为16 m×16 m。

表2-4-12 2001—2021年我国啦啦操竞赛规则比赛场地变化一览

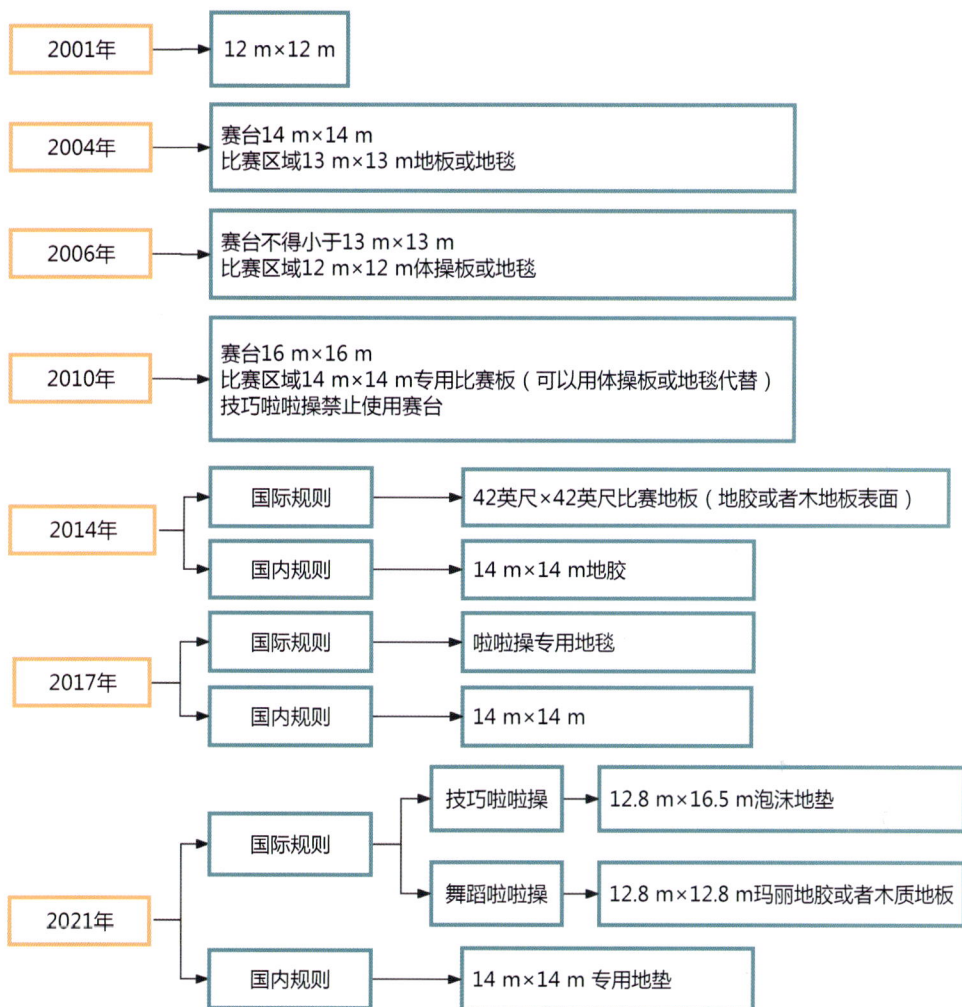

2001年	→	12 m×12 m

2004年	→	赛台14 m×14 m 比赛区域13 m×13 m地板或地毯

2006年	→	赛台不得小于13 m×13 m 比赛区域12 m×12 m体操板或地毯

2010年	→	赛台16 m×16 m 比赛区域14 m×14 m专用比赛板（可以用体操板或地毯代替） 技巧啦啦操禁止使用赛台

2014年	国际规则 →	42英尺×42英尺比赛地板（地胶或者木地板表面）
	国内规则 →	14 m×14 m地胶

2017年	国际规则 →	啦啦操专用地毯
	国内规则 →	14 m×14 m

2021年	国际规则 → 技巧啦啦操 →	12.8 m×16.5 m泡沫地垫
	国际规则 → 舞蹈啦啦操 →	12.8 m×12.8 m玛丽地胶或者木质地板
	国内规则 →	14 m×14 m 专用地垫

四版竞赛规则对于比赛区域的规定也略有改变，2001年版为12 m×12 m，2004年版为13 m×13 m的地板或地毯，2006年版为12 m×12 m的体操板或地毯，2010年版为14 m×14 m的专用比赛板，也可以用体操板或地毯代替。四版竞赛规则对于裁判座位区一致规定为裁判员坐在赛台正前方，这样的规定便于裁判员能清楚地观察运动员的表现。

2010年版竞赛规则特别提出技巧啦啦操禁止使用赛台，说明这个时期人们加强了对技巧啦啦操安全的重视程度。

2001—2010年，十年间，啦啦操竞赛规则对于比赛场地的规定不断细化，赛台面积不断扩大，比赛场地的材质由普通地板、地毯向专业比赛板过渡。这些变化旨在提高运动员参赛的安全性，为教练员创编动作提供更大的空间，为观众提供更好的观赛体验。

2014年版、2017年版和2021年版国内竞赛规则规定比赛区域为14 m×14 m，后面有特定标志的背景板，裁判席在比赛场地的正前方。

从2014年开始，我国啦啦操竞赛规则在与国际接轨的同时，根据国内啦啦操发展的具体情况，在比赛区域大小和场地布置等方面保持了相对稳定的发展。随着时间的推移，我国啦啦操竞赛场地的布置朝着规范化、标准化发展，比赛专用地垫搭建在裁判席的正前方，裁判台至少三层，方便裁判员无遮挡地进行观察，为比赛做出公正的评判；专用的地垫给运动员提供了舒适安全的比赛场地；背景板分别位于赛场和裁判台的后方；候场区与候分区设有明显的标志牌，便于运动员、观众迅速找到相应区域，为比赛有序进行提供保障，为观众提供良好的观赏体验。

2014年版国际规则部分描述比赛区域为42英尺×42英尺（约12.8 m×12.8 m）的比赛地板，表面为地胶或者木地板；2017年版国际规则部分描述的是使用啦啦操专用地毯；2021年版国际规则规定技巧啦啦操比赛场地为42尺×54尺（约12.8 m×16.5 m），表面是传统的泡沫地垫，舞蹈啦啦操比赛场地是42尺×42尺（约12.8 m×12.8 m），表面是专业材料地表，如玛丽地胶或者木质地板。这些年，国际竞赛规则在比赛场地的大小和材质上有所调整，以适应技巧啦啦操和舞蹈啦啦操项目发展的不同需求。

从2024年开始，我国啦啦操比赛区域的大小和材质开始执行国际标准，以适应国际交流与合作。

（十）啦啦操竞赛规则比赛项目时间的变化

从2004年版到2021年版，各项目的音乐时长不断调整优化，以适应不同级别比赛的需要。2004—2021年我国啦啦操竞赛规则比赛项目时间变化情况如表2-4-13所示。

自编套路的音乐时长，2004年版为2′20″加减10″，2006年版为2′30″加减10″。2004—2006年这个周期，啦啦操在我国仍然处于发展初期，音乐时长的略微增加给了创编者更多创新的空间。这反映了竞赛规则的改变对自编套路复杂性和创新性的鼓励，让运动员有更多的时间展示团队的能力。

表2-4-13　2004—2021年我国啦啦操竞赛规则比赛项目时间变化一览

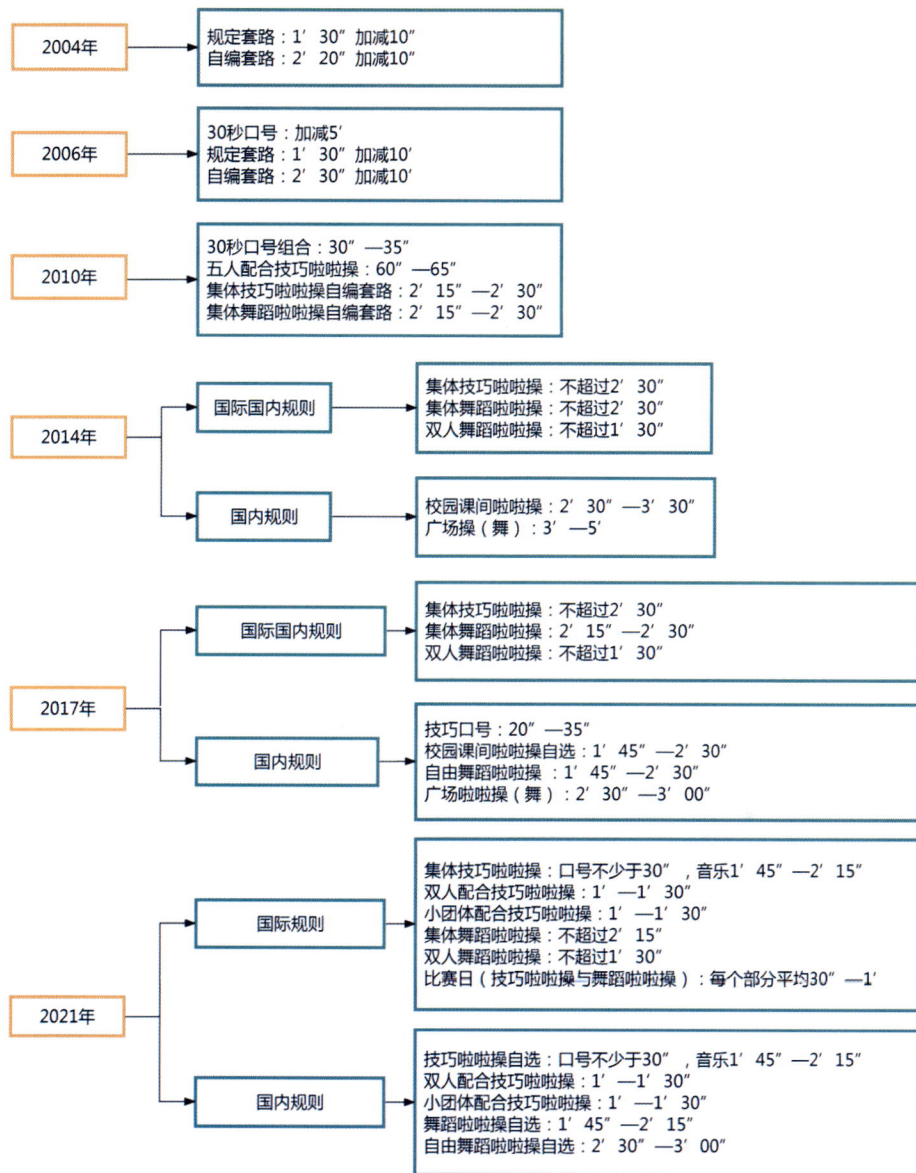

2004年		规定套路：1′30″ 加减10″ 自编套路：2′20″ 加减10″
2006年		30秒口号：加减5′ 规定套路：1′30″ 加减10′ 自编套路：2′30″ 加减10′
2010年		30秒口号组合：30″—35″ 五人配合技巧啦啦操：60″—65″ 集体技巧啦啦操自编套路：2′15″—2′30″ 集体舞蹈啦啦操自编套路：2′15″—2′30″
2014年	国际国内规则	集体技巧啦啦操：不超过2′30″ 集体舞蹈啦啦操：不超过2′30″ 双人舞蹈啦啦操：不超过1′30″
	国内规则	校园课间啦啦操：2′30″—3′30″ 广场操（舞）：3′—5′
2017年	国际国内规则	集体技巧啦啦操：不超过2′30″ 集体舞蹈啦啦操：2′15″—2′30″ 双人舞蹈啦啦操：不超过1′30″
	国内规则	技巧口号：20″—35″ 校园课间啦啦操自选：1′45″—2′30″ 自由舞蹈啦啦操：1′45″—2′30″ 广场啦啦操（舞）：2′30″—3′00″
2021年	国际规则	集体技巧啦啦操：口号不少于30″，音乐1′45″—2′15″ 双人配合技巧啦啦操：1′—1′30″ 小团体配合技巧啦啦操：1′—1′30″ 集体舞蹈啦啦操：不超过2′15″ 双人舞蹈啦啦操：不超过1′30″ 比赛日（技巧啦啦操与舞蹈啦啦操）：每个部分平均30″—1′
	国内规则	技巧啦啦操自选：口号不少于30″，音乐1′45″—2′15″ 双人配合技巧啦啦操：1′—1′30″ 小团体配合技巧啦啦操：1′—1′30″ 舞蹈啦啦操自选：1′45″—2′15″ 自由舞蹈啦啦操自选：2′30″—3′00″

2010年版集体技巧啦啦操和集体舞蹈啦啦操的音乐时长均为2′15″—2′30″，2014年版国际国内规则对集体技巧啦啦操和集体舞蹈啦啦操的音乐时长规定均不超过2′30″，2017年版国际国内集体舞蹈啦啦操音乐时长减少到2′15″—2′30″，集

体技巧啦啦操仍然延续2014年版的音乐时长，不超过2′30″；2021年版国际国内集体舞蹈啦啦操音乐均不超过2′15″，集体技巧啦啦操音乐时长为1′45″—2′15″。音乐时长的减少，意味着运动员要在有限的时间里展示更多的技术技巧，展示更强的艺术感染力，就必须创新啦啦操技术动作；音乐时长的减少，提高了比赛的效率，让观众在有限的时间里可以欣赏到更多的表演。

值得注意的是，2006年版中我国首次引入技巧啦啦操，技巧啦啦操自编套路音乐时长是2′30″加减10″，2010年版集体技巧啦啦操自编套路音乐时长是2′15″—2′30″，2014年版和2017年版集体技巧啦啦操音乐时长均不超过2′30″。尽管啦啦操各项目的音乐时长在不断调整，但集体技巧项目的音乐时长在2006—2017年这个比赛周期内一直保持在2′30″以内。这反映了集体技巧项目对技术动作的掌握、完成和同步性要求更高，需要运动员在有限的时间内完成多个高难度技术动作，因此保持相对稳定的音乐时长有助于运动员更好地维持良好的竞技状态。2021年版国际国内集体技巧啦啦操音乐时长减少到1′45″—2′15″，反映了技巧啦啦操经过这么多年的推广和普及，动作编排的复杂性和技术难度迈上了一个新台阶。创编者需要在有限的时间内创编出既符合规则又具有独特创意的作品，以吸引裁判和观众的关注，提高观赏性；对于表演团队，需要具备出色的身体素质和技术水平，以及精准的执行力，在比赛中稳定地发挥出团队的整体水平，让技巧啦啦操的比赛更加刺激和扣人心弦，让观众能够欣赏到技艺更加高超的表演。

2014年版开始增加双人舞蹈项目，为比赛增加了新的看点。2014年版、2017年版和2021年版三版竞赛规则对双人舞蹈音乐时长规定不超过1′30″，这一规定旨在引导创编者在有限的时间里编排出流畅、创新和富有层次感的作品。双人舞蹈经历了从简单的舞蹈动作到快速旋转和空中翻转等层出不穷的新颖技巧动作和配合动作，保持稳定音乐时长有助于这一周期双人舞蹈的国际交流和比赛，当不同国家和地区的运动员和裁判在相同的规则下比赛时，他们可以更好地理解和评估彼此的表演水平。

2001—2021年，我国根据国际竞赛规则推行的时间和不同版本，对竞赛规则的内容进行了调整和更新，这说明竞赛规则一直在引导和适应啦啦操运动的发展，以推动技术水平的进步与创新，让运动员和教练团队不断挑战自我、追求卓越；同时，也促进了啦啦操运动在竞技性和观赏性上的进一步提升，展现啦啦操运动在我国从认知、摸索、了解到发展、创新的历程。

三、啦啦操的运行机制

在啦啦操的推广普及中，管理组织机构及媒体网络信息管理是各项活动得以顺利开展的重要保障。

（一）管理组织机构

我国目前有两个管理组织负责啦啦操相关的运营活动，分别是教育部管辖下的中国大学生体育协会健美操艺术体操分会啦啦操专项委员会和国家体育总局体操运动管理中心管理的中国蹦床与技巧协会下的啦啦操分会。这两个管理组织在全国啦啦操运营中发挥着关键作用。

1.项目的推广普及

两个管理组织在各自领域全面负责我国啦啦操的推广、宣传与普及工作，研究推动啦啦操项目未来发展的整体规划，制定相关政策与执行方案，并进行有效实施。

2.竞赛规则的制定

研究并制定啦啦操的竞赛规则和执行标准，推动项目规范化和专业化的开展，引领啦啦操运动健康有序的发展。

3.赛事组织与培训

组织全国及国际啦啦操赛事和活动，吸引更多的人关注和参与啦啦操的相关活动；组织编写规范的培训教材，研究制定科学的技术标准和训练方法，完善教练员、裁判员和运动员的培养、选拔和储备机制。

4.国际交流与合作

加强中国啦啦操运动与国际啦啦操运动的交流与合作，引进国际先进的啦啦操教学理念，促进中国啦啦操的创新发展，提升中国啦啦操在国际上的影响力。

（二）媒体网络信息管理

在当今信息化的时代，媒体网络信息管理对于啦啦操的推广普及起着至关重要的作用。

1.发布信息

通过官方网站、官方小程序等网络信息渠道发布赛事活动、培训会议、国际交流等信息，让公众了解相关的管理机构，获取啦啦操的发展动态和最新资讯。

2.宣传展示

在官方社交平台上利用文字、图片、视频等互联网传播形式，宣传展示啦啦操项目的魅力，积极回应公众的关注点，与公众保持积极的互动与交流，以提升啦啦操项目的社会影响力。

啦啦操文化的发展依赖良性稳定的秩序，所以制度文化为其构建了稳定的秩序系统。啦啦操制度文化最终成为从事啦啦操运动的人们的行为模式和规范体系并得以传承。

啦啦操制度文化是啦啦操精神文化的产物，是啦啦操物质文化的工具，是沟通啦啦操精神文化和啦啦操物质文化之间的纽带，在啦啦操文化建设中起到支撑作用。

第五节　啦啦操之行为文化

行为文化是指人们在长期社会实践中形成，并被群体普遍认可和遵循的行为模式、风俗习惯、礼仪规范等的总和。它是文化层次理论结构要素之一。行为文化不仅体现了人类文化的动态特征，如创造性和在传播中显现出的连续性和规律性，还是创造物质财富和精神财富的前提条件。

啦啦操的行为文化是指个体和集体通过在啦啦操活动中的行为表现，展示啦啦操运动的价值取向，是啦啦操精神文化的动态表现，受到啦啦操制度文化的制约与导向。它包括啦啦操的行为准则、仪表礼节等。

一、啦啦操的行为准则

啦啦操的行为准则是指在啦啦操的各种活动中用来制约或者控制个人和集体行为的具体约束规则，包括教练员、裁判员、运动员的行为准则等。

依据约束条件，啦啦操的行为准则可以分为两类：限制性行为准则，即不能做什么；提倡性行为准则，即能做什么。

依据约束方式，啦啦操的行为准则可以分为两类：刚性行为准则，即强制性应该做的行为；柔性行为准则，即非强制性的可以选择做的行为。

（一）教练员的行为准则

1.职业认知

啦啦操教练员要致力于为国家、社会和学校培养啦啦操人才，为啦啦操运动的推广和普及做贡献；关心爱护运动员，促进运动员的全面发展。

2.表演比赛

熟悉并遵守啦啦操的竞赛规则和竞赛规程；尊重裁判和对手；严格管理团队，敦促运动员遵守竞赛规则，并公平参赛。

3. 教学训练

根据运动员的年龄、特点、体能制订科学合理的训练计划，逐步提高运动员的一般体能和专项体能，并能根据团队的整体水平安排适合的套路级别；遵守世界反兴奋剂机构颁布的《世界反兴奋剂条例》，保护运动员的身心健康。

4. 团队建设

通过团队建设等活动，协同学校各部门做好运动队的日常管理，引导运动员树立正确的团队观念，增强团队凝聚力，培养团队精神。

5. 专业能力

积极参与啦啦操领域的交流合作，加强理论与实践的研究，努力学习，不断进取，提高专业素养和执教能力。在遇到突发事件时，能迅速对事件的严重性和影响面做出评估，冷静处理，及时与受影响的运动员沟通，给予必要的支持和心理安慰，如改变训练计划，或调整比赛进度等，并与相关部门沟通汇报，及时进行相关事件的总结。

（二）运动员的行为准则

1. 表演比赛

了解并遵守啦啦操的竞赛规则和竞赛规程；尊重裁判，对评判结果保持理智的态度，不挑衅裁判，不干扰裁判工作，若对评判结果有异议，可通过比赛仲裁进行合理申诉；尊重观众和工作人员，文明参赛。

2. 学习训练

遵守团队和学校的规章制度，如有违纪，将受到相应处罚；按照训练计划，积极参与训练，不迟到、不早退、不旷课，履行请假手续；不挑战超过自身体能的难度级别动作；爱护场地器材。

3. 健康安全

遵守表演、比赛、训练中的安全规定，确保自身和队友的安全，避免或降低意外事故的发生；确保在身心健康的前提下参加训练和比赛，如身体和心理出现不适感，要及时寻求教练员和医务工作者的医疗帮助或心理辅导；严格遵守世界反兴奋剂机构颁布的《世界反兴奋剂条例》，维护啦啦操项目的公平公正。

4. 团队合作

师生之间、队友之间互相合作、互相帮助，共同面对训练和比赛中的困难与挑战，维护团队的利益和荣誉。

5.公益活动

啦啦操运动员要积极参加和啦啦操运动相关的公益活动，为啦啦操的推广和普及做贡献，为社会的和谐发展奉献自己的力量。

（三）裁判员的行为准则

1.职业道德

啦啦操裁判员要遵守体育精神，尊重所有参赛队伍，尊重观众，遵守纪律，公平公正执裁，确保比赛顺利进行。

2.执裁资格

从事啦啦操裁判工作的人员必须具备本赛季周期内的啦啦操裁判员资格证书，才能承担比赛执裁的工作。

3.执裁要求

根据不同竞赛规程，熟练掌握啦啦操竞赛规则，精通评分办法，熟悉场地器材的布置，熟练使用执裁仪器；全程独立、客观、公正执裁，及时出分，做好完整记录，服从裁判长和高级裁判组的领导；比赛结束，上交所有和执裁相关的材料；执裁期间，还应按要求着装，佩戴裁判员徽章。

4.专业能力

啦啦操的裁判员要积极参加新规则的学习与实践，努力提升评判水平和执裁能力，以适应啦啦操项目的快速发展。

二、啦啦操的仪表礼节

《现代汉语词典（第7版）》对"仪表"的解释是：人的外表，指好的容貌、姿态、风度等。仪表包括仪容和仪态。仪容是指人的外观和外貌，在与人交往中，个人的仪容都会被别人关注并评价。仪态是个体表现出的姿态、行为、表情等，反映了一个人的气质、素养和性格等。

《现代汉语词典（第7版）》对"礼节"的解释是：人们在社交活动中，为了表示尊重和友好，在仪容、仪表、仪态、仪式、言谈举止等方面约定俗成的、共同认可的行为规范。它既是人际交往中相互尊重的体现，也是道德素质的重要表现形式。

（一）啦啦操的仪表

1.运动员的仪表

比赛服饰：比赛服饰应与表演的项目风格和主题相适应；要保证动作安全并且覆盖身体的相关部位，超短裤和三角裤等里面要穿着紧身衣，否则将失去参赛资格；不得佩戴任何首饰，包括戒指、耳环、项链、手链、脚链、手表等；必须穿软底运动鞋，禁止光脚或仅穿紧身连裤袜等不恰当的鞋袜，但舞蹈啦啦操允许穿半掌鞋。

妆容发型：妆容要整洁、适宜，与项目风格和主题相适应；发型不得遮挡视线或者影响做动作。

2.教练员的仪表

对于啦啦操教练员的仪表不管是竞赛规则还是其他规定都没有直接的具体说明，因此可以参照体育与健康教师或同项群教练员的仪表要求。

比赛服饰：教学训练时着整洁得体的运动服，不佩戴夸张繁琐的饰品，以确保教学训练工作的正常开展；比赛和表演时，着运动队队服或者和活动主题相关联的服装，以展示专业性和团队形象，以匹配啦啦操相关活动的主题氛围。

妆容发型：教练员以清新自然的妆容，展现啦啦操运动的时尚和活力，发型应干净利落，避免凌乱夸张，干扰正常的教学指导。

3.裁判员的仪表

比赛服饰：《2021版啦啦操竞赛规则》对裁判员在执裁时的要求是：男士着藏青色或黑色西服套装，全白色衬衫，黑色皮鞋及领带；女士着藏青色或黑色西服（裙）套装，全白色衬衫，黑色皮鞋。

妆容发型：裁判员的妆容要自然适度，发型整洁利落，避免夸张凌乱的发型。

（二）啦啦操的礼节

1.运动员的礼节

尊重：运动员通过啦啦操技术动作展示动作美、形体美，和观众形成良好的互动，以微笑、挥手、鞠躬等行为方式传达对观众和裁判员的感谢和尊重；在训练比赛中与教练员和队友团结合作，如训练比赛前的加油动作和呐喊、训练比赛后的鞠躬致谢等表现出对老师和队友的尊重；赛场上为竞争对手加油呐喊，表现出对对手的尊重；领奖环节，着参赛服上台，是对项目的尊重；活动结束后，离场时主动带走垃圾，是对工作人员辛勤工作的感谢与尊重。

谦虚：在训练比赛中，虚心听取教练员的指导和队友的建议；在比赛中虚心接受裁判的评判和点评，及时对自己和团队进行客观的赛后总结；在赛场上文明观赛，不贬低、不轻视竞争对手。

友好：在赛场上不使用挑衅和侮辱性的言行，与对手友好交流，通过交换队徽、队旗等方式互相致敬，真诚地赞美竞争对手出色的表现；与教练员和队友团结协作，以击掌、拥抱等方式互相鼓励，共同应对困难和挑战。

2.教练员的礼节

榜样：教练员在训练比赛中遵守竞赛规则，尊重队员、裁判、对手、其他教练员及工作人员，举止大方得体，用良好的个人职业素养传递正能量。

关心：教练员以激励的方式给队员提供有效的专业技能指导，根据他们个人的特点和差异制订个性化的训练计划，通过不断的训练反馈来优化教学策略，以发掘队员的潜能，提高团队的竞技水平；关注队员的心理健康，帮助队员及时缓解心理压力，疏导队员之间不友好的情绪，化解矛盾，让团队保持积极向上的状态；关注队员的个人成长，鼓励并带领队员参加社会实践，为队员提供开阔视野、增长见识的机会，为队员进行职业规划，实现队员个人与团队的共同成长。

民主：教练员的执教风格直接影响着团队的发展方向，任务驱动型的教练员更加关注目标达成的程度，人际导向型的教练员更加关注个人与团队的人际交往，不管哪种执教风格，都要尊重队员和团队的建议，肯定队员的创新。因此，民主化的执教方式可以激发团队的使命感，增强团队的凝聚力。

3.裁判员的礼节

赛前：啦啦操裁判员在赛前要求着装统一，佩戴清晰可见的裁判员徽章，以展示裁判员的资质和等级。当广播介绍裁判员时，裁判员应起立，向运动员、观众挥手或者鞠躬以示对大家的尊重和感谢。裁判员宣誓时，要面向观众，庄重地宣读啦啦操裁判员的宣誓词，以体现裁判组对比赛公平公正做出的庄严承诺。

赛中：裁判员在比赛中要公正客观地执裁，尊重运动员的表演和观众的观赛体验，准确记录各支队伍的表现，及时公布最终得分，确保比赛公开透明；遇到突发事件时，要及时沟通，确保比赛顺利进行。同时，裁判员在执裁中要坐姿端正，始终保持专业的形象。

赛后：裁判员在赛后要及时总结，协助处理运动员的申诉，向主办方和赛事组织者及时反馈意见，提出合理化建议；尊重运动员和观众，学会情绪管理，不与人产生冲突和争执。

啦啦操运动员通过良好的仪容仪态来展示团队的专业修养，遵守啦啦操的礼节，凸显团队精神，由此在赛场上赢得尊重和友谊，实现个人价值和团队发展的双向奔赴。

教练员仪表端庄，举止大方，在人际交往中表现出人与人之间的尊重，有助于树立教练员良好的形象，潜移默化地对队员施加正向影响，引领队员向上向善，营造积极向上的团队风貌。

裁判员的礼节贯穿比赛的整个过程，入场要求—宣誓仪式—赛中执裁—赛后行为，从统一着装到行为举止，都有利于凸显裁判员的专业性和权威性，确保比赛的顺利进行，赢得运动员、观众和其他工作人员的尊重和认可。

第三章 校园啦啦操

第一节　啦啦操课堂教学

《义务教育课程方案（2022年版）》指出："聚焦中国学生发展核心素养，培养学生适应未来发展的正确价值观、必备品格和关键能力，引导学生明确人生发展方向，成为德智体美劳全面发展的社会主义建设者和接班人。"《普通高中课程方案（2017年版2020年修订）》指出："普通高中的培养目标是进一步提升学生综合素质，着力发展核心素养，使学生具有理想信念和社会责任感，具有科学文化素养和终身学习能力，具有自主发展能力和沟通合作能力。"

《普通高中体育与健康课程标准（2017年版2020年修订）》和《义务教育体育与健康课程标准（2022年版）》均指出：学科核心素养是学科育人价值的集中体现，体育与健康课程要培养的核心素养，主要是指学生通过体育与健康课程学习而逐步形成的正确价值观、必备品格和关键能力，包括运动能力、健康行为和体育品德等方面。

《普通高中体育与健康课程标准（2017年版2020年修订）》指出："体操类运动系列包括基本体操、体操（单杠、双杠、支撑跳跃等）、技巧、韵律操（健身健美操、竞技健美操、啦啦操等）、操舞（街舞、校园集体舞等）等运动项目。学生可以根据自己的兴趣和爱好从中选择1项进行较为系统的学习。"

《义务教育体育与健康课程标准（2022年版）》指出体操类运动中的一类是艺术性体操，其特点是伴随音乐展现节奏明快、刚劲有力、舒展优美的动作。啦啦操作为体育与艺术相结合的运动项目，属于艺术性体操的范畴。

一、啦啦操课堂教学中的学科核心素养

《普通高中体育与健康课程标准（2017年版2020年修订）》指出："在课程内容方面，关注对学生学习和发展有意义的传统体育项目和新兴体育类运动项目。"《义务教育体育与健康课程标准（2022年版）》对新兴体育类项目的定义："在国际上比较流行、在国内开展不久或国内外新创的、大众运动色彩浓郁、深受青少

年喜爱的体育活动。该类运动的主要特点是形式新颖，具有较强的时尚性和挑战性。"啦啦操是技能主导类表现难美性项群，既是体操类也是新兴体育类项目，具有团队合作、时尚娱乐、健身竞技的特点，适合在中小学课堂开设。

啦啦操课堂教学是体育与健康课程落实学科核心素养的主要场所之一，意在让学生通过啦啦操的课堂学习，提高在不可预知情境中解决问题的能力。因此，课堂教学不仅仅是具体知识技能的累积或运动技能的提高，还要关注体育与健康学科有别于其他学科独特的育人价值，即育体与育心相结合，体育与健康相结合。

在贯彻"立德树人"根本任务和树立"健康第一"教育理念的前提下，啦啦操以其独特的团队合作、时尚娱乐、健身竞技的特点，成为深受青少年喜爱的运动项目之一，并迅速在全国大中小幼学校推广。

啦啦操的教学内容要立足学科大概念，引导学生用学科思维去解决问题。以学科大概念为核心，通过啦啦操的学习落实运动能力、健康行为和体育品德等核心素养的达成。因此，啦啦操的课堂教学不是仅仅让学生学会具体的技术技巧动作或某种风格的舞蹈动作，而是呈现结构化的知识，以学练赛评一体化的教学形式，将啦啦操运动风险的识别与应对、基本和专项运动技能的提高、稳定情绪的调控和管理、终身锻炼意识的建立、团队与个体关系的处理等多个概念整合，以提高学生运用啦啦操的知识技能去解决问题的能力。

二、啦啦操课堂教学的实施

啦啦操的课堂教学包括学习目标、学习内容、学情分析、学习策略、学习评价等。

（一）学习目标

体育与健康学科核心素养的提出，说明课堂教学正由"内容导向"朝着"目标导向"转变。在课程目标的引领下，体育课堂的学习目标是学生不仅仅要学习知识与技能，还要学会利用知识与技能去解决实际情境中的问题，从而在获得感中提高体育与健康学科核心素养。

（二）学习内容

《普通高中体育与健康课程标准（2017年版2020年修订）》提出"在课程内

容方面，关注对学生学习和发展有意义的传统体育项目和新兴体育类运动项目，重视具有中华优秀传统文化特色的武术、民族民间体育活动和养生方法的教学"，要求高中学生"较为系统地学习1~3个运动项目"。《义务教育体育与健康课程标准（2022年版）》提出"坚持目标导向"，将中华优秀传统文化等重大主题教育有机融入课程。义务教育阶段的学生"在学练多种运动项目技战术和参与展示或比赛的基础上掌握1~2项运动技能"。按照项群理论分类，啦啦操和武术套路同属技能主导类表现难美性项群，两个项目在体能、技能和心理上存在共性，两个项目可以进行资源借鉴、互补，实现正迁移。武术是中华传统体育运动，是中华传统文化的典型代表，在培养学生运动能力、健康行为、民族认同感和文化自信等方面具有独特的育人价值。啦啦操是新兴体育类运动，目前在国内外发展势头良好，具有很强的时尚性。武术与啦啦操两个项目一起学习，在加强国际交流的同时，既可以传承中华优秀传统文化，增强文化自信，又可以满足当代青少年对运动时尚的追求。

（三）学情分析

体育与健康的育人功能体现在"坚持以学生发展为中心"。学生是课堂教学的主体，对学情特征的精准分析是课堂教学的要素，是实现学科核心素养的关键。学情的差异体现在年龄、性别、体能、遗传、心理、环境、教育等方面。

小学生的兴趣爱好广泛且容易改变，喜欢运动，但体能较弱，感知能力处于发展阶段，从形象思维向抽象思维过渡，情绪外显。因此，小学阶段的啦啦操课和武术课以游戏为主，重在培养学生的学习兴趣，引导学生学会调控情绪，发展体能。

初中生处于身体和心理发生巨变的时期，兴趣爱好趋于集中，喜欢运动，感知觉能力、抽象思维能力、自我控制能力均有提高，情感慢慢趋于内敛，但是情绪仍然不稳定，容易冲动。因此，初中阶段的课堂内容要有多样性，着重发展学生的技能，重视学生体育品德的培养，肯定学生的自我意识，把立德树人放在首位，发挥榜样的示范和引领作用。

高中生的兴趣爱好进入相对平稳期，运动能力较强，身体发育基本成熟，抽象逻辑思维占主导，情绪内敛，自尊与自卑并存。因此，高中阶段的课堂教学要以专项化来培养学生的专项运动技能，提高学生体能，为终身体育奠定基础。

（四）学习策略

根据学生身心发展规律、身体素质发展敏感期、运动技能形成的规律来确定武术与啦啦操运动技能学习的窗口期，即基础期（小学中低年级和小学高年级）、发展期（初中）、提高期（高中）。运动技能学习的窗口期是学习运动项目的最佳时间，又因窗口期相对接近，所以运动技能的学习存在交叉或者重合。为避免教学内容的低级重复，武术与啦啦操一体化教学内容的确定是关键。

武术以少年拳和形神拳为主要学习内容；啦啦操的项目较多，并且相对独立，分为舞蹈啦啦操和技巧啦啦操两大类，舞蹈啦啦操又分为花球啦啦操、街舞啦啦操、爵士啦啦操等。根据课程内容一体化总体架构来设置啦啦操和武术学习模块，武术两套拳和啦啦操两大类各个项目分别设置六个模块，每个模块从基本知识与技能、技战术运用、基础和专项体能、展示与比赛、规则与裁判方法、观赏与评价、跨学科主题学习等方面设置相关内容（见表3-1-1），学习内容进阶有序、螺旋上升，以促进"知、技、体、康"的形成与发展和体育与健康学科核心素养的达成。

表3-1-1　啦啦操与武术学习内容一体化构建要素

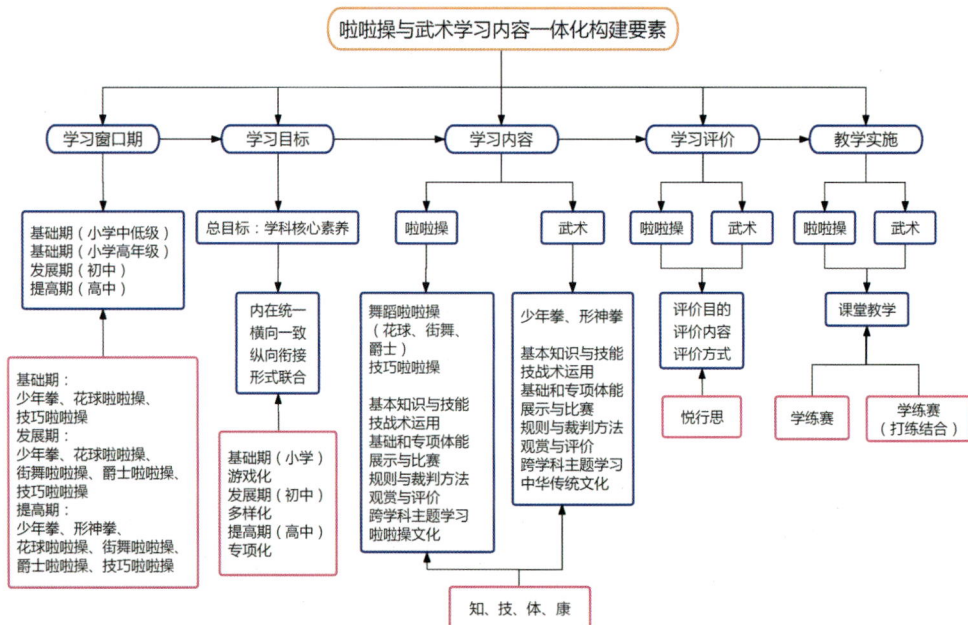

　　表3-1-1中的"知"是指武术与啦啦操的相关知识，"技"是指武术与啦啦操相关技能，"体"是指武术与啦啦操基础体能和专项体能，"康"是指武术与啦啦操的健康行为和安全行为。此外，还特别设置了体育文化的内容，以促进体育文化的传承。武术教育要以"打练结合"的方式真正体现"技击"的本质属性。武术和啦啦操的教学都要落实"学练赛"一体化，在"教会、勤练、常赛"中，设计表演和比赛等不可预知的情境，提高学生运用所学的知识技能解决复杂问题的能力，并迁移到日常生活，为科学锻炼奠定基础。

（五）学习评价

　　武术与啦啦操的学习评价是课堂教学的重要环节，是衡量学科核心素养是否达成的重要手段。通过评价目标、评价内容和对教学过程进行诊断和分析，了解学生学了什么、学到什么程度，建立"悦·行·思"体育课堂教学评价体系（见表3-1-2。）

表3-1-2　"悦·行·思"体育课堂教学评价体系基本框架

评价总目标	评价分目标	评价内容
悦	情绪态度	面部表情、姿态动作、语言表达
	参与程度	观察、倾听、讨论、练习
行	语言表达	会说
	肢体表达	会做
思	思维活跃度	提问与质疑、交流与合作
	问题解决	分析问题、实践操作
	应用能力	整合与应用、创新实践

　　"悦"是内心感受的外显呈现，有情感态度和参与程度两个方面；"行"是动作完成程度，有语言表达和肢体表达两个方面；"思"是知识的重新架构再运用，有思维活跃度、问题解决和应用能力三个方面。学习评价最终要体现在学了武术与啦啦操的学生相较于没有学过武术与啦啦操的学生，在身体、体能、技能、心理和社会适应性等方面表现出的与众不同的气质特征和精神面貌。

第二节　啦啦操社团

《普通高中体育与健康课程标准（2017年版2020年修订）》指出："根据体育与健康课程的特点，要提高学生的体能和技能水平，培养学生的学科核心素养，增进学生的身心健康，仅仅靠一周两节、每节45分钟的体育与健康课远远不够。教师应高度重视课内教学和课外体育活动的有机结合，在上好体育与健康课的前提下，积极组织、指导和引导学生参与课外体育活动，促进学生将课内所学的专项运动知识与技能运用到课外体育锻炼、体育社团活动和体育竞赛中"。《义务教育体育与健康课程标准（2022年版）》指出："教师应在提高课内教学质量的基础上，积极组织、指导学生参与校内多种形式的课外体育活动和竞赛活动。"

一、啦啦操社团的概念

啦啦操社团活动是在学校组织下，利用学校的师资力量和运动场馆等资源，在课余时间开展的啦啦操教育教学活动，是体育课堂教学的补充和延伸。

二、啦啦操社团的特征

（一）啦啦操社团是自发与自主并存的"第二课堂"

啦啦操社团属于"第二课堂"的一部分。"第二课堂"是指在学校传统的"第一课堂"教学活动之外的，学生自愿参加的有组织的具有素质教育意义的各类教育教学活动。

1.自发性组织

啦啦操社团是在学校组织下，因对啦啦操有着共同的爱好和兴趣，由学生自发或者在教师指导下组成的团体。这种自发性显示了啦啦操贴近学生生活现实需要的真实情境，激发了学生参与啦啦操社团的热情。

2.自主性管理

啦啦操社团的活动一般由啦啦操社长和社团成员自主管理，学校和教师提供必要的指导和支持。社长及社团成员可以根据活动或成员的实际需要对活动形式和活动内容进行必要的调整，这样有利于保持啦啦操社团的吸引力。因此，社团成员在活动中的自我管理能力和组织能力得到较大的提升。

啦啦操社团成员在自发和自主的啦啦操活动中，需要不断贡献各自的智慧，尝试新的创意和思路，以谋求社团的持续发展。这种在活动中培养的创新思维，不仅有助于增强啦啦操社团活动的吸引力，提高社团活动的水平，还可以培养学生在真实生活情境中运用所学啦啦操知识技能的能力。

（二）啦啦操社团是"第一课堂"教学的延伸

1.学习内容的专门性

啦啦操社团成员在学校开设的各种类型的社团活动中自主选择了啦啦操，是因为他们对啦啦操有兴趣，希望在啦啦操项目上有所发展和提高。啦啦操社团的学习内容具有专门性，社团活动的方向和内容都是围绕啦啦操而展开，故学生在啦啦操这个专门的特定领域可以深入学习。

2.学习内容的专业性

啦啦操社团的活动内容来源于"第一课堂"，但是又不局限于"第一课堂"。如技巧啦啦操中的金字塔，是由多个托举组合连接而成，所以要先练习托举，然后才能学习金字塔，而每周两到三节，每节45分钟的体育与健康课满足不了金字塔的学习。学校社团的活动时间一般是90分钟，两节课连上，时间充裕，可以让学生体验"勤练、常赛"的教学情境，以此来充分学习啦啦操的专项知识与运动技能。因此，学生在啦啦操社团的学习既可以满足专业提高的需求，又可以与"第一课堂"的教学形成互补。

（三）啦啦操社团是人际交往的平台

1.高中生人际交往存在的问题

《普通高中体育与健康课程标准（2017年版2020年修订）解读》指出：近年来我国高中生的心理健康存在很多问题，高中生在人际关系敏感、偏执因子上的得分高于国内中学生模型。现在的一些学生存在不愿交往、不敢交往、不善交往、不会交往的情况，长此以往，容易形成自我封闭的性格。

2.社团促进人际交往

学校社团的组织形式一般打破年级界限，按照活动内容进行分班，每周开展一次或多次活动。啦啦操社团是学生为满足个人的兴趣爱好自愿选择加入的。啦啦操社团成员之间存在年龄差异、性格差异、性别差异等。社团成员每周从熟悉的班级环境来到社团，按照项目角色，实现自我认知，学会与不同的人交往沟通，学会尊重和包容。因此，啦啦操社团扩大了学生交友的范围，促进了学生之间的人际交往，让彼此成为志趣相投的人。

三、啦啦操社团的建设

（一）啦啦操社团的活动内容

1.社团组建初期

啦啦操社团的活动内容一般是"第一课堂"教学内容的延续。社团组建初期，建议活动内容采用技巧啦啦操0级。0级动作简单，安全系数较高，尖子、底座、保护各角色之间容易配合，表演的观赏性也较高，容易建立起紧密的社团关系。

2.社团组建开展期

啦啦操社团组建较成熟时，活动内容可以选择舞蹈啦啦操（花球、街舞、爵士、高踢腿、自由舞蹈）或者技巧啦啦操（大集体、双人和小团体）。社团的活动内容丰富多彩，有助于社团成员了解啦啦操不同项目的知识和技能，培养多元化的兴趣和才能。

（二）啦啦操社团的教学方式

1.课内创设真实情境

在啦啦操社团课上，指导教师要创设各种复杂的教学情境，让学生在表演和比赛中可以灵活运用所学的知识与技能提高分析问题、解决问题的能力。

2.教师指导与社长主体相结合

啦啦操社团一般采用专业教师指导和社长主体相结合的教学方式。啦啦操社团社长对社团的影响力和啦啦操队队长对运动队的影响力是一样的。社长是社团招募的负责人，是社团成员的榜样，是指导教师与社团成员之间的纽带。因此，社长的选拔尤为重要，关系到社团的规模和发展。所以，社长要有一定的组织号召力，要有较强的专项技能，要有较好的语言表达能力。当然，啦啦操队队长可以兼任社团社长，然后根据运动队的需要招募新成员，为毕业队员留下的空位做人员储备。

3.课外积极推广教学成果

学校和社团指导教师要积极提供平台，鼓励学生用创编的啦啦操节目参加校内外的表演和比赛，比如学校文艺汇演、学校运动会开幕式展演等，激励啦啦操社团成员努力成为学校啦啦操队的后备队员。

（三）啦啦操社团的评价方式

啦啦操社团建立之初，要给每个社团成员建立成长档案，进行动态评价。成长档案要记录社团成员刚入社团时的专项能力，比如柔韧类（坐位体前屈、纵横叉），翻腾类（前后滚翻、手倒立），平衡类（大踢腿），跳跃类（团身跳）等。每次社团课中的小组展示和表演以视频的形式进行评价；每学期社团活动结束，小组以短节目的形式进行汇报演出，以视频的形式进行点评，同时以图片的形式记录在社团成员的成长档案里。社团成员参加校内外的各项活动和取得的成绩要及时记录在成长档案里，这样可以让社团成员清晰地看到自己的成长。

第三节　啦啦操大课间

2007年5月，中共中央、国务院颁布《关于加强青少年体育增强青少年体质的意见》，明确提出"确保学生每天锻炼一小时。中小学要认真执行国家课程标准，保质保量上好体育课""全面实行大课间体育活动制度，每天上午统一安排25—30分钟的大课间体育活动，认真组织学生做好广播体操、开展集体体育活动"。因此，统筹组织好政策指导下的大课间体育活动显得极其重要。

一、啦啦操大课间的概念

学校大课间是指由学校组织，在固定活动时间进行体育锻炼的一种形式，是学校体育工作的重要组成部分，时长在25—30分钟。

啦啦操大课间是以啦啦操为主要活动形式的学校大课间。

二、啦啦操大课间的特征

（一）规定性和选择性

学校大课间选择啦啦操作为主要活动内容，就需要全体学生在规定的时间内以啦啦操运动为主要运动形式。啦啦操的项目较多，有技巧啦啦操和舞蹈啦啦操，舞蹈啦啦操又分为花球啦啦操、街舞啦啦操、爵士啦啦操、自由舞蹈啦啦操等，因此，学校可以根据场地器材、师资力量和季节气候选择不同的啦啦操项目，以满足不同年龄阶段学生的锻炼需求。

教育部体育卫生与艺术教育司和国家体育总局体操运动管理中心联合颁布了的《校园啦啦操示范套路》（2014年）、《校园啦啦操示范套路（第二套）》和国家体育总局体操运动管理中心监制的《校园啦啦操示范套路（第三套）》，可以为各个学校开展啦啦操大课间提供帮助和指导。

（二）补充性与限制性

《普通高中体育与健康课程标准（2017年版2020年修订）解读》指出，一项2003—2007年间对全球范围年龄在13—15岁的73845名学生进行的调查研究表明：25%的男孩和近30%的女孩"惯于久坐"；著名医学杂志《柳叶刀》刊登的一项研究预测全世界9%的人过早死亡是由身体活动缺乏造成的。

学校大课间是让学生在课间进行体育锻炼，是体育课堂教学的延续和补充，目的是增加学生体育活动的时间，避免学生长时间坐着不运动，帮助学生缓解上一节课的脑力劳动带来的疲惫，调整身心，为下一节课做准备。劳逸结合、身心愉快是开展啦啦操大课间需要思考的问题，因此选择合适运动量的啦啦操内容很重要。

三、啦啦操大课间的实施

（一）啦啦操大课间内容的选择

1.根据学生身心特点选择内容

啦啦操大课间的内容要根据学生的年龄和性别特点进行选择。低年级的学生喜欢运动但是体能较弱，中年级的学生兴趣广泛但易迁移，高年级的学生兴趣稳定但运动能力不足。而且，男生一般喜欢对抗性和有挑战性的活动内容，女生喜欢节奏明快且有健身塑形效果的活动内容。因此，低年级的学生可以选择徒手或者手持花球道具的花球啦啦操0级内容，再结合各种游戏。中年级和高年级的学生可以选择规定内容与自选内容相结合的方式：规定内容是花球、街舞、自由舞蹈0级到1级的内容；自选内容是学校可以根据场地器材和师资力量确定相关内容，引导学生自主选择。中年级每一到两年换一个主题的项目，做到定期轮换，让学生始终保持对啦啦操项目的新鲜感。高年级的学生可以将啦啦操作为大课间的准备活动，5分钟左右做好热身准备，剩下的25分钟时里间，学生可根据自己的兴趣爱好在学校提供的备选内容（如球类、跳绳、踢毽子等）中自主选择活动内容，以提高活动的参与度。

2.选择国家相关部门颁布的规定套路

由教育部体育卫生与艺术教育司审定，国家体育总局体操运动管理中心监制的《校园啦啦操示范套路》（2014年）、《校园啦啦操示范套路（第二套）》和国家体育总局体操运动管理中心监制的《校园啦啦操示范套路（第三套）》，可以作为学校啦啦操大课间的备选内容，套路包括从幼儿园到中小学和大学各学段花球、街舞、爵士三种主题风格。

3.跨学科组合大课间活动内容

2018年，中央电视台策划的大型诗词音乐文化节目《经典咏流传》一经播出，就受到各界的普遍称赞。《经典咏流传》作为啦啦操大课间活动的配乐，与啦啦操大课间套路结合，由全国啦啦操委员会在全国推广。这是中国古典诗词歌赋与新近流行的啦啦操碰撞出的具有中国特色的校园啦啦操。学生在大课间通过啦啦操既锻炼了身体，缓解了身心的疲劳，同时受到中华传统文化的熏陶。

（二）啦啦操大课间的制度保障

啦啦操大课间的顺利开展离不开学校相关规定的有效执行。学校要制定啦啦操大课间实施计划，包括相关负责的部门和负责人，一般由学校体育组、政教处和学生会协同管理。参与的学校行政人员、教师和学生会代表须明确各自的职责，比如维持大课间的秩序，确保大课间安全有序地进行；合理规划室内外场地，完善器材设备的保管和使用，最大化利用校园场地，比如场地按班级或者活动内容做标记以示划分，花球等道具按年级用不同的颜色和箱子区分，根据季节和天气变化调整活动内容和场地；对大课间的指导教师和相关人员进行专业培训等。

（三）啦啦操大课间的评价

啦啦操大课间的评价体系直接关系到大课间实施的结果。因此，建立合理规范的评价体系，对大课间开展的情况进行及时评价，可以有效地促进啦啦操大课间的顺利开展。

评价小组由当天值班体育教师、值班行政管理人员、值班学生会代表组成，以班级为单位对啦啦操大课间进行专项检查评比。评价内容有班级花球及箱子的保管使用、参与人数、做操及活动质量、集合及退场秩序、班主任跟班及管理指导等五个指标。

每学年举办全校啦啦操校园大课间比赛，由啦啦操队队员和啦啦操社团成员负责各个班级的训练、比赛等相关活动，比赛结果纳入班级评优评先体系。

　　每学期评选啦啦操校园大课间优秀领操员并颁发证书。领操员一般由学校啦啦操队队员和啦啦操社团优秀学生担任，评选结果记入学生综合素质评价系统。

　　这些举措不仅能调动全校学生对啦啦操大课间的参与度，也激发了啦啦操队队员和啦啦操社团成员的活动组织能力，促进其社会化的发展。

第四节 啦啦操课后服务

2021年7月24日，中共中央办公厅、国务院办公厅印发了《关于进一步减轻义务教育阶段学生作业负担和校外培训负担的意见》（以下简称"双减"）。"双减"政策明确指出，要"提升学校课后服务水平，满足学生多样化需求"。

义务教育阶段的学校课后服务具有公益性，是"双减"政策实施的重要举措，是促进教育公平、提升教育服务、减轻家长负担、促进学生综合能力、建设学校特色的路径之一。

一、我国基础教育课后服务的发展

（一）以服务型为主的初创阶段

20世纪90年代，随着中国经济的快速增长和城市化进程的加速，城市中双职工家庭的数量日益增多。1990年6月4日，国家教育委员会和卫生部联合颁布《学校卫生工作条例》，规定学校应当合理安排学生的学习时间，学生每日学习时间（包括自习），小学不超过六小时，中学不超过八小时。

政策的颁布致使家长的下班时间与中小学生的放学时间出现冲突，学生放学时间早于家长下班时间，中小学生的接送、看管等问题凸显。于是，一些义务教育阶段的学校承担了学生放学后的托管工作，开设晚托班，缓解家长无法接学生的难题。这时候的晚托班属于看护为主的服务型，主要解决"家长接孩子难"的问题，是学校课后服务的初始阶段。

（二）以需求导向的摸索阶段

随着家长对学生从简单的看护需求到对学业水平的期待和重视，学校晚托班由只有看护的单一内容增加了作业辅导、培优补差等内容，甚至变成收费的补习班。

进入21世纪，国家相继出台了一系列关于减负和规范收费的相关政策。2000年1月发布的《关于贯彻落实教育部〈关于在小学减轻学生过重负担的紧急通知〉开展专项督导检查的通知》指出，"各地要对减轻小学生过重负担问题高度重视"。2004年3月发布的《关于在全国义务教育阶段学校推行"一费制"收费办法的意见》指出，"严格核定杂费、课本和作业本费标准的基础上，一次性统一向学生收取费用"，不允许收取其他费用。2009年4月发布的《教育部关于当前加强中小学管理规范办学行为的指导意见》提出，"科学安排作息时间，切实减轻学生过重课业负担"；加强学校财务管理和资产管理"，还要求"不挤占体育课、艺术课、综合社会实践等教学时间"，"坚持学生每天锻炼一小时，保障学校开展团队活动和社会实践活动时间"。

一系列政策的颁布，虽然是针对学生减负减压的规定，但是对学校晚托班的影响是有偿课后服务慢慢关停。这一阶段，商业化的托管机构开始迎合家长的需求，校外培训机构大量出现，出现了校内减负、校外增负的现象。此时，课后服务具有追求应试教育而呈现出片面的"教育性"。

（三）以地方先行的发展阶段

2010年4月，上海市教育委员会印发了《关于做好本市小学生放学后看护工作的通知》，提出"对确有困难的学生提供放学后的看护服务"，"在保障学生安全的前提下，免费为学生提供完成作业，开展活动和课外阅读的条件"。上海市教育委员会对放学后的看护内容提出了指导意见。

2014年，上海市教育委员会印发了《关于进一步做好本市小学生放学后看护工作的通知》，再一次对放学后的看护内容提出指导意见："小学放学后免费看护工作是学校为民服务项目之一"，学校要"增强服务意识，转变工作作风，满足家长的合理诉求"，"开展放学后看护服务的学校要覆盖到所有公办小学，包括九年一贯制、十二年一贯制学校的小学部有需求的学生"，"服务内容以保障学生安全为主，学校在看护服务时间内可安排做作业、自习、游戏和课外阅读等活动，可与组织城市、乡村学校少年宫活动相结合"。

2014年，北京市教育委员会印发了《关于在义务教育阶段推行中小学生课外活动计划的通知》，指出"提倡通过政府'购买社会服务'的形式，开展体育、文艺、科普等形式多样的社团活动"，"学校可在星期一至星期五15:30至17:00的课外时间安排活动，每周不少于3天，每天不低于1小时"。同时，还对时间安排、辅导教师构成、活动内容形式、各部门职责、经费使用和督导检查等都做出了具体的指导意见。

（四）以政策指引的规范阶段

2017年3月，教育部办公厅发布了《关于做好中小学生课后服务工作的指导意见》，这是首次从国家层面明确"课后服务"这一提法。该意见要求，学校承担起课后服务主渠道的责任，并从课后服务的主体实施、内容形式、安全保障、工作领导等方面作出了规范的要求。

2018年2月，教育部办公厅等四部门发布了《关于切实减轻中小学生课外负担开展校外培训机构专项治理行动的通知》，对开展以"应试"为导向的校外培训机构进行全面整治，遏制拔苗助长式超前培训，破除功利主义的桎梏，确保中小学生健康全面的发展。

2019年2月，中共中央办公厅、国务院办公厅印发了《加快推进教育现代化实施方案（2018—2022年）》，指出要"着力减轻中小学生过重课外负担，支持中小学校普遍开展课后服务工作"，再一次强调了学校是教育的主阵地。

2021年7月，中共中央办公厅、国务院办公厅印发了《关于进一步减轻义务教育阶段学生作业负担和校外培训负担的意见》，明确要求"减轻学生过重作业负担"，"提升学校课后服务水平，满足学生多样化需求"。"双减"在服务时间、服务内容、服务质量、服务渠道等方面提出明确要求，强化了课后服务在落实"双减"政策中的重要性，标志着课后服务是切实推进我国基础教育减负提质和实现国家层面教育公平的重要组成部分。

我国基础教育课后服务政策的历史演进是一个逐步规范化、制度化的过程，经历了由服务需求、教育导向、地方先行到政府参与的发展过程。随着政策的引领，学校课后服务由原来的解决家长接孩子难的托管需求，即简单的看与管；到学校的延时服务因不能满足家长对学生学业的需求而逐渐沉寂，或者为了迎合家长对学生学业质量的需求逐渐演变成带有功利性的有辅导的教与学；到不仅关注服务的高质量，更加重视教育的高质量，促进学生有个性和多样化的全面发展，实现国家层面的教育公平。在政策的引领下，学校课后服务在实践层面得到了极大的发展。随着教育理念和社会需求的不断变化，政策还将继续调整和优化，以更好地满足学生全面发展的需要。

二、学校体育课后服务的发展

学校体育课后服务是一个不断发展与深化的过程。20世纪90年代，为了解决"三点半难题"，即孩子的接送和看管问题，学校出现了晚托班。2000年，在上海，一些学者提出建立体育托管活动中心，并对体育托管中心建立的可行性和实施办法进行了探索性的研究。这一时期的体育托管主要关注的是学生基本体能和运动技术的学习，教学内容相对单一，以田径、球类等传统体育运动项目学习为主。

2007年5月，国务院发布了《关于加强青少年体育增强青少年体质的意见》，指出增强学生体质是学校教育的基本目标之一，要"广泛开展'全国亿万学生阳光体育运动'"，"没有体育课的当天，学校必须在下午课后组织学生参加一小时集体体育锻炼"。该意见继续强化了体育锻炼和体育课后服务的重要性。

2016年1月崔胜利在其博士学位论文《城市小学生体育托管模式研究》中提出建立"政府主导、学校主体、社会参与"的多元化体育托管模式。随着教育理念的不断更新，体育课后服务开始注重学生的兴趣和需求，体育课后服务由单一主体参与向多元主体参与发展。

2017年3月，教育部办公厅发布了《关于做好中小学生课后服务工作的指导意见》，对课后服务的内容做出明确指示，"主要是安排学生做作业、自主阅读、体育、艺术、科普活动，以及娱乐游戏、拓展训练、开展社团及兴趣小组活动、观看适宜儿童的影片等"。体育课后服务进入发展期。

2018年，教育部强调学校是课后服务的主阵地；2019年，国家支持中小学校普遍开展课后服务工作。依据政策，各地积极整合资源，开发各具特色的体育课后服务。上海探索出体育课后服务"1+1"模式，教学团队由不同体育项目的外聘专业教练员和本校教师组成，在课后服务时间里，开展形式各异的体育运动项目，让学生体验不同的体育活动，从而建立对体育运动项目的兴趣；深圳市开展"四点半活动"，引导学校在课后服务的时间里开展各种体育和艺术等实践活动，为学生提供"菜单式"服务，让每个学生在"一生一课表"的分层教学中体验运动的快乐和艺术的魅力；安徽省为青少年提供带有公益性的体育夏令营，让学生免费体验体育活动，缓解学生暑假看护难的问题。

2021年7月"双减"政策的实施和2021年7月教育部进一步推行课后服务

"5+2"模式"，即"课后服务实现义务教育学校全覆盖，每周开展5天，每天至少2小时"，为学校体育课后服务提供了额外发展的空间。学生校内作业负担和校外培训负担的减轻，使得学生在学校有更多参与体育活动的时间。

2022年7月，体育总局办公厅、教育部办公厅、发展改革委办公厅联合发布了《关于提升学校体育课后服务水平 促进中小学生健康成长的通知》，在体育课后服务内容、专业力量参与资源整合、运动场地供给、组织保障等方面提出明确要求，这为学校高质量地发展体育课后服务和体教优势资源整合提供了政策保障。

2023年正式实施的《中华人民共和国体育法》（修订版）对青少年在校期间体育活动的时长作出规定，要求学校"保障学生在校期间每天参加不少于一小时体育锻炼"，"学校应当将在校内开展的学生课外体育活动纳入教学计划，与体育课教学内容相衔接"。《体育法》客观上为体育课后服务提供了法律保障，体育课后服务迎来了发展的新契机。

教育、体育等相关部门对体育课后服务的支持和投入持续加大，为体育课后服务提供了更加专业和丰富的课后服务内容，为体育课后服务创造了更广阔的发展空间，体育课后服务的覆盖面逐渐扩大，实现了在更多学校的普及和学生的广泛参与。

体育课后服务的发展是一个不断完善和进步的过程，它随着教育观念的变革和社会需求的变化而发展。早期的学校体育聚焦学生的"双基"即基本知识和基本技能的学习；进入21世纪，我国开始逐步推进素质教育，体育教学从单一的技术训练向能力提升的方向发展，在这一背景下，作为课堂体育教学延伸的体育课后服务应运而生，一些学校开始尝试组织课后体育俱乐部、体育活动兴趣小组等，为学生提供更多的参与体育活动的机会。近年来，随着"双减"政策和新课标的实施，体育课后服务得到了进一步的发展，不仅为学生提供了丰富多彩的体育活动项目，而且国家政策鼓励学校在体育课后服务中引入兼职的专业教练员和公益类体育俱乐部，利用社会优质体育资源，与学校体育课后服务形成有效互补，为学生提供更加专业和高质量的运动体验空间，满足学生个性化和全面发展的需要。

三、啦啦操课后服务的实施

（一）提供政策保障

2020年8月，体育总局、教育部在联合发布的《深化体教融合 促进青少年健康发展的意见》中指出，"深化具有中国特色体教融合发展，推动青少年文化学习和体育锻炼协调发展，促进青少年健康成长、锤炼意志、健全人格，培养德智体美劳全面发展的社会主义建设者和接班人"。体教融合是新时代文化强国、教育强国、人才强国、体育强国等强国战略的重要内容，是体育与教育深度融合下协同育人的顶层设计，为我国学校体育教育指明了发展方向。该意见支持学校"一校一品""一校多品"的体育模式，围绕开齐开足体育课，开展丰富多彩的课余训练、竞赛活动，支持学校成立青少年体育俱乐部，邀请社会组织和优秀运动员进学校。

2022年7月，体育总局办公厅、教育部办公厅、发展改革委办公厅联合发布了《关于提升学校体育课后服务水平 促进中小学生健康成长的通知》，明确要求"体育课后服务活动课程应设置足球、篮球、排球、乒乓球、羽毛球、田径、冰雪运动、武术、啦啦操等项目"。啦啦操是学校体育课后服务活动课程开设的项目之一。此时，顶层设计为啦啦操课外服务的发展提供了新机遇和新空间。

随着政策的颁布和实施，纵向上体育课后服务有了时间的保障，延长了学生课后参与锻炼的时间，让学生可以更好地学足学好所选运动项目；横向上体育课后服务有了更多参与形式的选择，拓宽了学生运动参与的空间，训练、比赛、表演、游戏等形式，可以让学生更好地在"教会、勤练、常赛"中健康成长、锤炼意志、健全人格。

（二）规范实施方案

学校是实施体育课后服务的责任主体，要为啦啦操课后服务制定相关的实施方案，以文本的形式在教学资源、人力资源管理、薪酬绩效、监督管理等方面制定可以实际操作的实施细则，并在动态实践中不断调整完善，为啦啦操课后服务的开展提供制度支撑。同时，啦啦操在课后服务的有效开展也有助于学校形成体育特色品牌。

（三）构建多元师资体系

1.挖掘学校现有师资力量

体育教师是啦啦操课后服务的中坚力量。啦啦操课后服务需要技术性较强的专业教师，学校要挖掘现有的师资力量，通过培训、教研、大中小学校之间的合作交流，提高教师学习的内驱力，引导教师主动地自我发展，培养教师"一专多能"。

2.引进社会优质师资资源

学校啦啦操专业教师师资力量短缺时，挖掘社会潜在的专业教师资源，可以弥补教师缺乏的困境。

建立优质师资资源进校园的机制，整合社会组织、退役优秀运动员、退休教师等人力资源，与校内教师一起为学生提供个性化和多样化的课后服务。

课后服务的开展涉及学生的安全和健康，因此对于校外从业人员的技术性和专业性要有准入门槛，资质要审查，教练员等级要认证，真正构建家校社一体化共育的啦啦操课后服务师资体系。

（四）架构课程一体化教学模式

1.啦啦操教学内容的多样化

根据啦啦操的项目分类，在技巧啦啦操和舞蹈啦啦操中设置有助于学生个性化和多样化发展的项目，让学生在丰富的啦啦操项目中自主选择，以激发学生学习啦啦操的兴趣。

按照项目的技术动作难易程度，国家体育总局体操运动管理中心颁布的《校园啦啦操示范套路》有小学组和中学组示范套路，《全国啦啦操规定动作》有花球、爵士、街舞、技巧规定套路，并且技术动作难度从低级到高级递增。

2.中小学啦啦操课程的一体化

依据学生的年龄特征、身体条件，遵循学生的身心发展规律，进行教学内容的选择和设计，注重中小学啦啦操课程一体化教学，避免单个技术、单个知识点的碎片化教学，避免啦啦操课后服务在教学内容割裂中被浪费。

3.课内课外啦啦操课程的一体化

啦啦操课后服务要与体育课堂教学有效衔接，构建课内课外一体化的教学模式，让学生有更多的时间去体验啦啦操，感受啦啦操项目的魅力，实现"在课堂上教会"，学生能基本掌握啦啦操的技术动作；"在课后勤练"，让学生能将啦啦操单个动作灵活地进行组合练习。同时，以"常赛"的形式纵向贯通，提高学生在复杂和不可预知的情境中运用啦啦操的知识与技能去编排、表演、比赛的能力，保持学生对啦啦操学习的长久兴趣，最终为学生终身体育奠定良好的基础。

（五）完善评价监督体系

1.啦啦操课后服务评价的意义

啦啦操课后服务的评价体系对啦啦操项目在课后服务中的实施起到正面激励和引导的作用，它包括对啦啦操课后服务的主体、内容、形式、要求、时间制定评价标准和评价方式，尤其是对管理者、组织者、参与者制定客观公正的评价方式，有利于提高各方参与课后服务的积极性。

2.啦啦操课后服务评价的目的

评价的目的是寻找课后服务中的问题然后进行反思，寻找问题的根源、范畴，然后进行修正和优化。评价最终指向啦啦操课后服务让学生学了什么、怎么学的、学到了什么程度。

3.啦啦操课后服务的责任定位

有学者指出课后服务不属于义务教育范畴。张良禹在《属性与定位：义务教育课后服务政策的再思考》一文中指出，"课后服务既不是义务教育，也不是义务教育的延续，而是一种独立的教育形式"，"课后服务是非义务性的准公共产品，在法理上属于委托监护。基于课后服务的属性，政府应当承担主导而非主体责任，学校应当是课后服务的平等提供者，教师是课后服务的有限实施者"。

啦啦操课后服务的监督体系是建立在清晰的责任定位基础上。政府在课后服务中起着主导作用，学校是课后服务的提供者，教师是具体实施者。在学校师资力量薄弱时，政府对于社会力量进出校园要有监督，尤其是教师的师资水平和服务标准。

在政府主导统一购买课后服务和学校自主购买课后服务相结合时，政府是监管主体，要和学校自查相结合，确保啦啦操课后服务的公益性。学校要联合家委会等第三方力量，将啦啦操课后服务纳入学校体育课后服务监督体系，定期向家长和社会公布监督结果，由政府和社会双方共同监督学校开展体育课后服务，不让体育课后服务流于形式。

第五节 啦啦操队

啦啦操传入我国时，被称为啦啦队运动，揭示了啦啦队最初是为其他运动项目加油呐喊助威的活动，团队和集体活动是其重要的属性。因此，啦啦操以团队合作、时尚娱乐、健身竞技的特点广受大学生群体的喜爱，大学生们纷纷组建运动队参加各种演出和比赛。所以说，啦啦操在学校的推广和普及离不开榜样的示范作用，学校啦啦操队在啦啦操课程的实施过程中起着独特的引领作用。

一、啦啦操队"队文化"的特征

"队文化"体现了一个运动队共同的价值理念，为了团队共同的任务和目标，团队成员之间团结协作形成凝聚力，为了集体荣誉而努力奋斗。啦啦操的核心价值就是团队精神，运动项目本身与"队文化"倡导的价值理念相契合。

（一）明确的团队目标

啦啦操队有着明确的团队任务和团队目标，队员之间因相同的爱好和兴趣团结在一起，学习态度高度一致，彼此之间更加容易建立起信任。为了共同的目标，队员之间互相鼓励、互相支持，个人利益在彼此的交流沟通中服从于集体利益。因此，啦啦操队要建立明确的团队目标，引导队员将个人的奋斗目标与团队的发展目标相统一，从而不断提升团队的凝聚力，顺利实现团队目标。

（二）和谐的成员关系

啦啦操队队员是在啦啦操项目上有专项技能的运动人才，有着明确的奋斗目标，他们为了共同的团队目标团结在一起，自然形成一种新老队员的"传帮带"关系。老队员一般在运动队待的时间久、资格老、技术水平高，他们是榜样、是权威，是新队员渴望成为的人。所以，榜样权威树立起来，帮助与受助、传授与学习、指挥与听从的良好的人际关系建立起来，团队成员分工便清晰明了。啦啦操队中分工明确，每个队员都有自己的角色担当。在良好的"传帮带"关系中，老队员被教练员肯定，新队员被老队员鼓励，每个人在团队中都被激励，彼此之间互相信任，共同获得知识与技能，促进资源共享。

二、啦啦操队建设的实施

（一）啦啦操队组建体现文化特征

啦啦操队与其他项目运动队最大的区别就是有自己队伍显著的文化符号，通过队名、队旗、口号、吉祥物、吉祥色等标识和队训等文化表现形式来突出自己与众不同的形象。这些啦啦操队的文化符号要与队伍、学校、区域、城市的发展历史和人文典故息息相关，能突出队伍的发展理念和核心价值。

队名是一支啦啦操队最显著的文化符号，是队伍独有的文化标识，是一支队伍传递给外界的总体印象；吉祥物与队名相互呼应，是一支队伍的对外形象，具有一定的象征意义，是队伍的精神或者信仰的代表，有吉祥好运的寓意；队徽、队旗是一支啦啦操队具体形象的表达，具有醒目的标识特征，更是新老队友在现在和未来彼此识别的标志和记号；口号和队歌体现了一支队伍的精气神，朗朗上口、充满正能量的吟唱和呼喊是一支队伍对外宣传，和观众互动最直接的手段；比赛服和训练服是一支队伍对外宣传的窗口，一般印有队伍的队名、队徽，采用队伍的吉祥色进行整体设计，身着印有队名、队徽的比赛服和训练服，可以增加队员的自豪感和对团队的归属感；队训是一支队伍激励队员顽强拼搏、奋勇向前的精神性的标语，是文字内化成信念的表达。

例如：芜湖市第二中学（安澜中学）是为了纪念抗日名将戴安澜将军所建，建校已有80多年。戴安澜是安徽无为人，原名戴炳阳。20世纪20年代，年轻的戴安澜看到国家处于危难中，便改名为"安澜"，立号"海鸥"，意为"安黎庶、挽狂澜、搏击长空"，后人称他为"海鸥将军"。毛泽东曾赋诗给予戴安澜崇高礼赞："外侮需人御，将军赋采薇。"周恩来曾为戴安澜题写挽词，称其是"黄埔之英，民族之雄"。芜湖市安澜中学由戴安澜将军的家人捐建，秉持遵循学校的办学思路和传承安澜精神——爱国、责任、担当，学校啦啦操队的名字是"芜湖二中安澜中学生啦啦队"，吉祥物是海鸥，队徽是一只海鸥在浪尖展翅；运动队的吉祥色是蓝、白、红，其中蓝色代表浩瀚的大海，白色寓意展翅的海鸥，红色象征火热的太阳，代表和平、奋进、勇敢，三色应用在比赛服、训练服、队徽、标志牌、传声筒、蝴蝶结等运动装配和运动道具上。队伍的形象设计与学校的历史紧密相连，体现了学校的发展理念。芜湖市安澜中学生啦啦队的口号是"安澜，安澜，安澜，加油！加油！加油！"，队训是"责任共担，荣誉共享"，和学校倡导的安澜精神代代相传的家国情怀教育相契合。

学校啦啦操队主要由领队、教练员和队员组成。队员的招募可以从体育课、啦啦操社团吸收对啦啦操有兴趣的学生，还可以通过宣传、表演、比赛等方式选拔致力于啦啦操发展的学生。啦啦操队的规模根据表演比赛的规格和参赛项目、经费等来确定，比如技巧啦啦操，一般小团体项目最少3—5人；大集体项目由8—24人组成，3—6个小组的组合为佳。因此，一般啦啦操队的规模为二三十人比较合适，同时要形成一线和二线的梯队建设，一线队员毕业或者退役，二线队员可以尽快顶上，便于啦啦操队的稳定和发展。

（二）啦啦操队管理突出有效性

1.啦啦操队管理的组织结构

学校啦啦操队在组织机构上一般采用三级管理，校长室全面负责招生、训练、学习、宣传等事宜；学校体育组、办公室、教务处、政教处、总务处、医务室等部门组成二级管理部门，及时处理运动队的学习、训练、比赛等后勤保障工作；教练员具体管理运动队的训练和比赛等，队长是教练员的助手。

2.啦啦操队物质条件的保障

场地场馆是训练、比赛正常开展最基本的保障，是实现啦啦操队团队目标的基础，训练器材和训练装备是训练安全的物质前提。

文化课学习和专项训练要同时兼顾。普通学校的训练时间多是课后业余时间和节假日，训练计划制订要合理，训练方法要科学有效，提高训练效率尤为重要，单位时间里可以同时训练2—3个技术。如立卧撑+团身跳（屈体分腿跳），是俯卧撑结合收腿蹲撑加跳步类动作的组合。表演和比赛是检验训练效果的有效途径，队员参加表演和比赛的频率越高，等级越高，越容易建立起正确的胜负观，树立规则意识，塑造集体观念，而且队员受到的关注度越高，对于团队的归属感就越强烈。

资金投入是啦啦操队持续健康发展的必要条件，场馆设备的定期维护保养、训练比赛装备的及时更新、表演比赛的参赛费用、师生各种级别的专项培训、人员工资等都离不开资金的保障。

3.啦啦操队管理制度的制定与实行

学校要为啦啦操队的持续发展制定一系列有章可循的制度，如队员的招生和输出制度，教练员、运动员评估管理制度，训练与文化课课程安排制度，奖励与惩罚制度，对内对外宣传制度，后勤医疗保障制度等。

（1）啦啦操队的招生和输出。

学校啦啦操队要持续发展，人才储备很重要。可以在体育课、啦啦操社团招募新队员；定期举办年级啦啦操比赛，通过比赛在学校推广啦啦操；当啦啦操成为学校特色教育时，争取上级主管部门在招生政策上的支持也是选拔运动员的方式之一。

运动员的有效输出决定了啦啦操队的后续发展。啦啦操队的最终任务是为学生适应社会发展、中等教育、高等教育和职业发展做准备，所以学校尤其是教练员要持续研究当地的招生政策和国家人才培养政策。

（2）啦啦操队人力资源的相互关系。

教练员是啦啦操训练和比赛等教学活动的主导，队员是一系列啦啦操学习活动的主体，他们之间结成了风险共担的共同体，是所有啦啦操成员关系中最重要、最活跃的关系。教练员的训练意图、比赛目标都需要队员去完成，而队员要在集体中实现个人价值离不开教练员的有效指导。在团队中，教练员就是管理者，要让每个队员明确自己的职责范围和角色担当，发挥队长和骨干队员的榜样模范作用，让他们在一定的范围内有自主和决定的权力。教练员采用"民主型"管理比"专制型"管理和"放任型"管理更有效，优秀的管理者可以将一群羊带出狼群一样的战斗力。队员在制度的约束下，涵养了规则意识，也更容易增强团队的凝聚力。

队长是一支队伍的灵魂人物，在队员与教练员之间起到桥梁的作用，是教练员的助手。因此，队长要有一定的组织能力，负责运动队的招募、日常训练和协调工作，专业技能要强，是队伍中有威望的人，在比赛场上是队伍的依靠和支柱。

教练员、学科教师和队员在实现学校育人目标的过程中是休戚相关的利益体，却常常因为彼此沟通不畅，导致相互之间不理解、不支持。教练员、学科教师教育目标的实现建立在队员学习任务有效完成的基础上，因此，教练员要主动和学科教师说明队员通过啦啦操实现未来发展的途径有哪些，取得学科教师在训练上的支持；教练员和队员要及时和学科教师分享表演和比赛取得的成绩，让他们看到队员为学校、为集体争得荣誉的闪光一面，同时让学科教师了解队员在长期有组织、有纪律的啦啦操教育教学活动中，为着团队目标，形成了令行禁止的团队作风。啦啦操属于技能主导类表现难美性项群，技术动作复杂多变，任何一个技术动作的完成，都需要千锤百炼地刻苦练习，所以文化课可能落后。但是，队员在专项训练上的学习兴趣，在训练中培养的迎难而上的拼搏精神，可以引导到文化课的学习上。

教练员要取得家长的支持，可以通过访谈、家长会、现代互联网络等交流方式与家长互通信息，帮助家长做好队员的家庭教育，用成长档案让家长切实感受到队员在身体形态、专项水平、综合素质等方面的变化。

运动队的人事管理系统是在校长室的领导下，由学校体育组、办公室、教务处、政教处、总务处、医务室等部门组成。在人事管理中，建立校长为运动队第一管理责任人，主教练为第一管理执行人的管理制度。管理层的领导风格影响着运动队的发展方向，管理层对啦啦操项目要有战略发展规划，对内要善于倾听各部门的意见，全方位熟悉运动队的相关资料，让各部门信息互通，权责分明。办公室负责教练员的引进与管理，教务处协调处理师生有关学、练、赛的教学安排，政教处协助教练员做好队员、家长、班主任的管理协调工作，总务处和医务室做好后勤保障工作，包括体育运动、赛事相关保险的支持，场地场馆、运动器材、信息化设备等保养维护和增添补充等。管理层对外要争取上级主管部门的政策支持，加强对外宣传与联络，提升运动队的影响力，其建设性的意见能很好地引导运动队朝着大家期望的方向发展。

（3）啦啦操队的奖励和激励。

学校啦啦操队队员的专业技能比普通学生更强，他们通过表演、比赛，为学校、为集体争得荣誉，提高了学校和集体的知名度，是学生关注的焦点，是学生喜爱的榜样，可以吸引更多的学生加入啦啦操队。因此，在每个团队目标达成后，无论目标大小，都应该用合适的具有仪式感的方式来庆祝团队获得的荣誉，可以是语言类的激励，也可以是奖状、奖学金等实物奖励，目的是要引导学生自觉地向优秀的队员学习，同时让每个队员感受自己为团队作出贡献后的满足感和荣誉感。

（4）啦啦操队的交流与宣传。

一支优秀的啦啦操队需要在不断创新中得到发展，因此对外交流学习显得尤为重要，只有在与其他队伍不断地交流互动中，师生才有可能开阔眼界，增长见识。啦啦操是新兴体育类运动项目，各方面技术、规则等都在不断发展、更新、完善，竞赛规则每四年左右修订一次，所以各种专项培训和各层次的比赛不仅可以让师生拓宽视野，而且可以明晰项目发展的未来趋势，为表演、比赛的创新提供理论与实践的支撑。

一支优秀的啦啦操队需要多种宣传途径，如通过报纸、电视台、互联网等提高学校、运动队的知名度，增强学校的吸引力，让运动队的梯队建设不断完善，让师生对团队有认同感和归属感。当啦啦操成为学校的特色教育时，可以依托学校，成立区级、市级等层阶的啦啦操教育联盟，以教育联盟的名义开展啦啦操教练员裁判员培训、学生夏令营、市区级及以上层次的比赛。学校啦啦操队的师生可以作为培训、比赛等活动的人力资源，既推广普及了啦啦操，又锻炼了师生的教育教学能力，还可以将毕业的队员推荐到联盟学校作为啦啦操的师资力量。这样，运动队形成良性的运作方式，才可以持久地发展壮大。

第四章　啦啦操术语

第一节　啦啦操基本术语

啦啦操术语是用来描述啦啦操动作结构、特殊过程和本质特征的专门用语。它是遵循啦啦操项目发展的客观规律，逐步形成的能准确描述项目动作基本特征的概念性语言符号，是啦啦操项目领域进行思想交流的工具。啦啦操术语具有专业性、科学性、形象性、实践性等特点。

一、啦啦操术语的特点

（一）专业性

专业性是指用来表示啦啦操项目概念的词汇，代表的是啦啦操领域的专业知识，啦啦操专业人士可用其来准确传达和交流啦啦操领域的知识和技能。

（二）科学性

科学性是指啦啦操术语能反映啦啦操技术动作和动作过程的基本形态和基本特征，能精确地表达其所蕴含的概念，且与相似的概念有所区别。

（三）形象性

形象性是指啦啦操术语将概念性的语言与文字借助其他事物的形态或动作生动形象地展示出来，让人产生直观的理解，方便记忆和使用。

（四）实践性

实践性是指啦啦操术语是在啦啦操项目发展过程中逐渐产生与形成的，在经验的总结和技术的交流中得到检验，并在运动实践中不断演变与完善。

因此，啦啦操术语要能准确地描述啦啦操动作的结构及过程，且文字简明扼要，便于理解、记忆，便于传播，能被从事啦啦操专业的人理解并使用。

二、啦啦操基本术语的组成

啦啦操基本术语是指描述身体各部位运动时的术语，其主要组成部分有开始姿势、身体部位、动作方向、动作方法、结束姿势。（表4-1-1）

表4-1-1　啦啦操基本术语的组成（举例）

动作名称	组成部分与顺序				
	开始姿势	身体部位	动作方向	动作方法	结束姿势
两臂后绕至下 X	开立	两臂	向前	绕	至下 X
左腿前迈成单膝跪地	直立	左腿	向前	迈步	成单膝跪
跳成分腿直立	直立	两腿	向上	跳起	成分腿直立

三、啦啦操基本术语的分类

（一）动作方向术语

动作方向是指啦啦操的参与者完成动作面向的位置。啦啦操一般借鉴舞蹈中动作方向的术语，将观众席、裁判席或主席台作为基本方向的第一点，按照顺时针方向，每45°为一个基本方向，将场地规划为八个基本方向，即1点、2点、3点、4点、5点、6点、7点、8点。（图4-1-1）因此，使用动作方向术语时，首先要说明身体的某个面朝向几点。

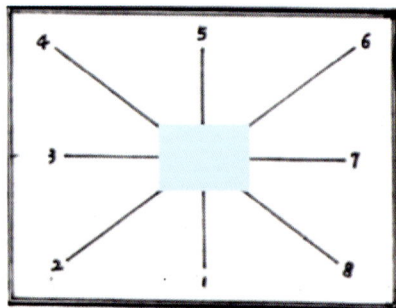

图4-1-1　场地规划基本方向点

（二）运动面与运动轴术语

1.按照运动解剖学定位，人体有三个相互垂直的运动面

矢状面：沿身体前后径所作的与地面垂直的切面，与额状面、水平面相互垂直，即将人体分为左右两半。

额状面：也称冠状面，沿身体左右径所作的与地面垂直的切面，与矢状面、水平面相互垂直，即将人体分为前后两个部分。

水平面：也称横切面，将直立人体横切与地面平行的切面，与矢状面、额状面相互垂直，即将人体分为上下两个部分。

2.按照人体关节运动定位，人体有三个互相垂直的基本轴

矢状轴：前后方向，即垂直通过额状面的轴。

额状轴：左右方向，即垂直通过矢状面的轴。

垂直轴：上下方向，即垂直通过水平面的轴。

（三）完成动作术语

举：手臂和腿移动范围不超过180°，并停止在一定位置的动作。例如：左臂上举。

摆：臂或腿在一个平面内，做不超过180°，且由一个部位运动到另一个部位的动作。例如：摆臂。

屈：身体的某个关节弯曲或缩小形成一定角度的动作。例如：屈肘。

伸：弯曲的关节角度扩大或关节伸直的动作。例如：伸臂。

绕：身体某部位做大于180°，小于360°的弧形摆动动作。例如：两臂绕至侧举。

绕环：身体某部位做360°或者大于360°的圆形摆动动作。例如：双臂前绕环一周半至上举。

撑：手和身体的某部位同时做着地的姿势。例如：俯撑。

推：用顶肩伸臂的动作使得身体离开地面或者对抗性用力。例如：推起。

梗：下颚向内收，颈部伸直的动作。例如：梗头。

挺：胸部或腹部向前展开。例如：挺胸。

含：两个肩胛骨外开，胸部向内收。例如：含胸。

提：由下向上做运动。例如：提臀。

沉：身体某部位放松下降的动作。例如：沉肩。

振：手臂和躯干做快速有力的弹性屈伸。例如：振胸。

踢：腿由低向高用力做加速摆动的动作。例如：弹踢。

压：四肢或上体做向下加力的动作。例如：压腿。

控：肢体举至一定的高度，并保持一段时间。例如：控腿。

收：向身体中线靠拢或者还原到起始位置。例如：收腿。

转：以单脚为支撑，绕人体垂直轴转动的动作。例如：向左转。

旋转：以双脚或者身体的某个部位为支撑沿垂直轴转动的动作。

（四）动作关系术语

同时：身体不同部位的动作在同一时间完成。例如：两腿开立，同时手臂上举成 V 字。

依次：在完成一个动作时，身体不同部位先后完成同一个动作。例如：两脚依次跳开成开立。

交替：不同肢体或不同动作反复进行。例如：前踢腿与侧踢腿交替进行。

由：动作的起点。例如：由内向外。

经：完成动作过程中经过的动作。例如：两臂经体前绕环。

成：动作完成时的结束动作。例如：迈步成单膝跪地。

至：动作完成时必须达到某一个指定位置。例如：跳起至水平位置。

接：连续完成两个单独动作时之间的连接。例如：后软翻接后手翻。

（五）基本手位术语

1.上举类

（1）上 A（High Clap）。

动作方法：双手握拳，两臂上举，拳心相对，两拳并拢，小拳眼朝前。（图 4-1-2）

图 4-1-2　上 A

（2）上 V（High V）。

动作方法：双手握拳，两臂斜上举，拳心朝外，大拳眼朝前。（图 4-1-3）

图 4-1-3　上 V

（3）上 X（High X）。

动作方法：双手握拳，两臂上举至头上方交叉，小拳眼朝前。（图 4-1-4）

图 4-1-4　上 X

（4）X（Back Cross Or X）。

动作方法：双手握拳，两臂肩上后屈，拳心朝内贴于头后部。（图4-1-5）

图4-1-5　X

（5）上H（Touch Down）。

动作方法：双手握拳，两臂上举，拳心相对，小拳眼朝前。（图4-1-6）

图4-1-6　上H

（6）上L（L）。

动作方法：双手握拳，一侧手臂上举贴近头部，拳心向内，小拳眼朝前；另一侧手臂侧举，拳心向下，大拳眼朝前。（图4-1-7）

图 4-1-7 上 L

（7）O（Cheerio）。

动作方法：双手握拳，举至头上，拳面相对，小拳眼朝前。（图 4-1-8）

图 4-1-8 O

2. 下举类

（1）下 A（Low Clap）。

动作方法：双手握拳，两臂下举，拳心相对并拢，大拳眼朝前。（图 4-1-9）

图 4-1-9　下 A

（2）下 V（Low V）。

动作方法：双手握拳，两臂斜下举，大拳眼朝前。（图 4-1-10）

图 4-1-10　下 V

（3）下 L（Low L）。

动作方法：双手握拳，一侧手臂下举，拳心向内，大拳眼朝前，另一侧手臂侧举，拳心向下，大拳眼朝前。（图 4-1-11）

图 4-1-11　下 L

（4）下 X（Low X）。

动作方法：双手握拳，两臂下举至体前交叉，拳心向内。（图 4-1-12）

图 4-1-12　下 X

（5）下 H（Low Touch Down）。

动作方法：双手握拳，两臂下举，拳心相对，大拳眼朝前。（图 4-1-13）

图 4-1-13　下 H

3.平举类

（1）T（T）。

动作方法：双手握拳，两臂侧举，拳心向下，大拳眼朝前。（图4-1-14）

图4-1-14　T

（2）前 X（Front X）。

动作方法：双手握拳，两臂前举至胸前交叉，拳心向下。（图4-1-15）

图 4-1-15　前 X

（3）前 H，又称持烛式（Candlesticks）。

动作方法：双手握拳，两臂前举，拳心相对，大拳眼朝上。（图 4-1-16）

图 4-1-16　前 H

（4）前 H：又称提桶式（Buckets）。

动作方法：双手握拳，两臂前举，拳心向下，大拳眼相对。（图 4-1-17）

图4-1-17　前H

4.斜举类

（1）斜线（Diagonal）。

动作方法：双手握拳，一侧手臂侧上举，大拳眼朝前；另一侧手臂侧下举，大拳眼朝前。（图4-1-18）

图4-1-18　斜线

（2）K（K）。

动作方法：双手握拳，一侧手臂体前斜上举，另一侧手臂体前斜下举，两臂夹角90°，拳心向下，大拳眼相对。（图4-1-19）

图 4-1-19　K

（3）侧 K（Side K）。

动作方法：双手握拳，一侧手臂侧上举，拳心向下，大拳眼朝前；另一侧手臂体前斜下举，拳心向下，小拳眼朝前。（图 4-1-20）

图 4-1-20　侧 K

5.冲拳类

（1）侧上冲拳（High Side Punch）。

动作方法：双手握拳，一侧手臂斜上举，拳心向下，大拳眼朝前；另一侧手臂叉腰，拳心朝下，小拳眼朝前。（图 4-1-21）

图 4-1-21　侧上冲拳

（2）斜上冲拳（Up Cross Punch）。

动作方法：双手握拳，一侧手臂体前斜上举，拳心向下，小拳眼朝前；另一侧手臂叉腰，拳心向下，小拳眼朝前。（图 4-1-22）

图 4-1-22　斜上冲拳

（3）高冲拳（High Punch）。

动作方法：双手握拳，一侧手臂上举，拳心向内，小拳眼朝前；另一侧手臂叉腰，拳心向下，小拳眼朝前。（图 4-1-23）

图 4-1-23 高冲拳

（4）侧下冲拳（Low Side Punch）。

动作方法：双手握拳，一侧手臂斜下举，拳心向下，大拳眼朝前，另一侧手臂叉腰，拳心向下，小拳眼朝前。（图 4-1-24）

图 4-1-24 侧下冲拳

（5）斜下冲拳（Down Cross Punch）。

动作方法：双手握拳，一侧手臂体前斜下举，小拳眼朝前；另一侧手臂叉腰，拳心向下，小拳眼朝前。（图 4-1-25）

图 4-1-25　斜下冲拳

6.屈臂类

（1）短 T（Half T）。

动作方法：双手握拳，两臂胸前平屈，拳心向下，小拳眼朝前。（图 4-1-26）

图 4-1-26　短 T

（2）W（Muscle Man）。

动作方法：双手握拳，两臂肩侧屈，拳心相对，小拳眼朝前。（图 4-1-27）

图 4-1-27　W

（3）弓箭（Bow and Arrow）。

动作方法：双手握拳，一侧手臂胸前平屈，小拳眼朝前；另一侧手臂侧平举，大拳眼朝前。（图 4-1-28）

图 4-1-28　弓箭

（4）小弓箭（Daggers Arrow）。

动作方法：双手握拳，一侧手臂胸前屈，小拳眼朝前；另一侧手臂侧平举，大拳眼朝前。（图 4-1-29）

图 4-1-29　小弓箭

（5）短剑（Half Arrow）。

动作方法：双手握拳，一侧手臂胸前屈，小拳眼朝前；另一侧手臂叉腰，拳心朝下，小拳眼朝前。（图 4-1-30）

图 4-1-30　短剑

（6）R（R）。

动作方法：双手握拳，一侧手臂体前斜下举，小拳眼朝前；另一侧手臂肩后屈，拳心向内，贴于头后部。（图 4-1-31）

图 4-1-31　R

（7）上 M（Up M）。

动作方法：双手握拳，两臂肩侧屈，双拳置于肩上，拳心向下，小拳眼朝前。（图 4-1-32）

图 4-1-32　上 M

（8）下 M（Hands On Hip）。

动作方法：双手握拳，两臂腰侧屈，拳心向下，小拳眼朝前。（图 4-1-33）

图 4-1-33　下 M

（9）曲臂 X（Bend X）。

动作方法：双手握拳，两臂胸前屈，小拳眼朝前。（图 4-1-34）

图 4-1-34　曲臂 X

（10）小 H（Little H）。

动作方法：双手握拳，一侧手臂上举，小拳眼朝前；另一侧手臂胸前屈，小拳眼朝前。（图 4-1-35）

图 4-1-35 小 H

（11）曲臂 H（Daggers）。

动作方法：双手握拳，两臂胸前屈，拳心相对，小拳眼朝前。（图 4-1-36）

图 4-1-36 曲臂 H

（12）后 M（Karate）。

动作方法：双手握拳，两臂体侧屈，拳心向上。（图 4-1-37）

图 4-1-37　后 M

（13）加油（Clap）。

动作方法：双手握拳，两臂胸前屈，双手拳心相对，并拳，小拳眼朝前。
（图 4-1-38）

图 4-1-38　加油

第二节　技巧啦啦操术语

一、技巧啦啦操人员分类术语

（一）底座（Base）

底座是在执行动作的过程中负责支撑尖子的主要重量，并将尖子举起离开地面或者为尖子在空中完成动作提供动力的人。

1.主底座（Original Base）

主底座或称原底座，是指在托举动作开始时与尖子保持身体接触的底座。

2.辅底座（New Base）

辅底座或称新底座，是指在托举动作开始时与尖子没有直接接触，但在动作转换后，与该尖子产生接触的底座。

（二）尖子（Top Person）

尖子是在托举、抛接、金字塔中被支撑或者抛起离开地面，并在上层完成动作的人，是执行空中技巧动作的核心角色。

（三）保护

1.接人者（Catcher）

接人者是指在执行动作尤其是在执行抛接、翻腾等高难动作时，负责接住在空中执行动作的尖子，并让尖子安全下落的人，防止尖子在执行动作的过程中受伤。

2.保护员（Spotter）

保护员是指在托举、抛接、金字塔等动作中密切关注尖子在空中的身体姿势和动作轨迹的人，可为尖子提供及时的保护和干预，确保尖子安全落地，尤其要

保护好尖子的头部、肩颈部和背部。（图 4-2-1）

图 4-2-1 技巧啦啦操人员分类

二、技巧啦啦操基本姿势

（一）卧姿势

俯卧姿势是指参与者胸腹面朝下，背部朝上的身体姿势。（图 4-2-2）

图 4-2-2 俯卧姿势

（二）仰卧姿势

仰卧姿势是指参与者的胸腹面朝上，背部朝下的身体姿势。（图 4-2-3）

图 4-2-3　仰卧姿势

（三）倒置姿势

倒置姿势是指参与者的两肩低于腰部并且至少一只脚位于头部之上的身体姿势。（图 4-2-4）

图 4-2-4　倒置姿势

（四）非倒置姿势

非倒置姿势是指参与者的身体姿势符合下列条件之一即可：身体直立；肩部高于腰部，并且两脚低于头部等的身体姿势；或者肩部低于腰部，并且两脚低于头部等的身体姿势，比如体前屈。（图 4-2-5）

图4-2-5　非倒置姿势

三、技巧啦啦操技术动作位置

技巧啦啦操技术动作位置是指完成各种技巧动作的位置，包括地面位（Ground）、髋位/预备位（Waist/Prep）、肩位（Shoulder）和高位（Extended）。（图4-2-6）

图4-2-6　技巧啦啦操技术动作位置

说明：尖子以非直立垂直姿势（如高位平躺托举），或以高位俯卧姿势、坐姿（如高位V字托举）等被支撑的前提下，一个高于头的托举可被视为预备位托举（非肩位）。

四、技巧啦啦操动作术语

技巧啦啦操的动作包括翻腾、跳跃、托举、金字塔、抛接等。

（一）翻腾（Tumbling）

翻腾是指在地面开始，髋部高于头部且在地面结束的无底座支撑的动作。

1.按照翻腾动作是否有额外的动力，可以分为原地翻腾和行进间翻腾

（1）原地翻腾（Standing Tumbling）：是指从站立姿势开始，没有向前助跑的翻腾动作。如后空翻。（图4-2-7）

图4-2-7　后空翻

（2）行进间翻腾（Running Tumbling）：是指用趋步或者跨步获得翻腾动力的翻腾动作。如踺子。（图4-2-8）

图4-2-8　踺子

①趋步：是指由助跑进入翻腾的过渡动作，分为跳起挺身式趋步（又称高趋步）和低平前冲式趋步（又称低趋步）两种方式。（图4-2-9、图4-2-10）

图 4-2-9　高趋步

图 4-2-10　低趋步

②跨步：是指一只脚向前跨出一步，另一只脚跟随移动，形成上体迅速向前倾的踏跳动作，是做踺子等翻腾动作前的准备动作。如图 4-2-8 中的跨步动作。

2.按照人体腾空时的身体状态，可以分为滚翻、软翻、手翻和空翻

（1）滚翻（Roll）：是指躯干依次接触地面，并经头部翻转的动作。

①按照翻转方向可以分为向前、向后、向侧三种。（图 4-2-11 至图 4-2-13）

图 4-2-11　前滚翻

图4-2-12　后滚翻

图4-2-13　侧滚翻

②按照身体姿势可以分为团身类、屈体类等。（图4-2-14至图4-2-17）

图4-2-14　手倒立前滚翻

图4-2-15　鱼跃前滚翻

图 4-2-16　挺身式鱼跃前滚翻

图 4-2-17　屈体后滚翻

（2）软翻（Walkover）：是指用单手或者双手支撑，做向前或者向后的髋部高于头部的翻转动作。

按照翻转方向可以分为向前、向后两种。（图 4-2-18、图 4-2-19）

图 4-2-18　前软翻

图 4-2-19 后软翻

（3）手翻（Handspring）：是指通过手支撑后，人体经过倒立的姿势，做推离翻转的动作。

按照翻转方向可以分为向前、向后、向侧三种。（图 4-2-20 至图 4-2-22）

图 4-2-20 前手翻

图 4-2-21 后手翻

图 4-2-22　侧手翻

（4）空翻（Flip）：是指完成动作时没有支撑，并经过髋部高于头部的翻转动作。按照翻转方向可以分为向前、向后、向侧三种。（图 4-2-23 至图 2-2-28）

图 4-2-23　前空翻

图 4-2-24　侧空翻

图 4-2-25　后空翻

图 4-2-26　踺子接直体后空翻

图 4-2-27　踺子接团踹 X

图 4-2-28　后空翻转体 360°

（二）跳跃（Jump）

跳跃是指利用下肢力量蹬离地面的腾空动作。

按照身体姿态可以分为直体并腿类、直体分腿类、屈体并腿类、屈体分腿类等。

1.直体并腿类（图4-2-29）

图4-2-29　直体并腿跳

2.直体分腿类（图4-2-30）

图4-2-30　直体分腿跳（X跳）

3.屈体并腿类（图4-2-31、图4-2-32）

图4-2-31　屈体并腿跳

图4-2-32　团身跳

4.屈体分腿类（图4-2-33至图4-2-36）

图4-2-33　屈体分腿跳　　　　　图4-2-34　侧跨栏跳

图4-2-35　前跨栏跳　　　　　图4-2-36　双9跳

（三）托举（Stunt）

托举是指尖子被一人或者多人支撑托起离开地面，在空中的不同高度完成不同动作造型。

1.按照完成技术动作过程，可以分为上法和下法

（1）上法：是指尖子被一人或者多人托起，在支撑下完成动作的方法。（图4-2-37）

图4-2-37　两底座单脚依次踩上

（2）下法：是指从托举、金字塔落到摇篮接或者通过有协助的释放动作落到地面的动作方法。（图4-2-38）

图4-2-38　肩位托举到飞鸟下

①摇篮接：是指尖子呈摇篮姿势被底座和保护员接住的一种下法。（图4-2-39）

图4-2-39　髋位托举到摇篮接

②摇篮滚筒：是指被抛起的尖子，身体在空中至少沿矢状轴转体360°，呈摇篮姿势被底座和保护员接住的一种下法。（图4-2-40）

（侧面）　　　　　（正面）　　　　　（背面）

图4-2-40　摇篮滚筒

2.按照参与动作的底座人数，可以分为单底座托举、双底座托举和多底座托举（图4-2-41至图4-2-43）

图4-2-41　单底座托举　　　　图4-2-42　双底座托举　　　　图4-2-43　多底座托举

3.按照尖子被支撑的脚的数量，可以分为单脚托举、双脚托举（图4-2-44、图4-2-45）

图4-2-44　单脚托举　　　　　　　　图4-2-45　双脚托举

4.按照尖子被支撑的高度，可以分为膝位托举、髋位托举、肩位托举、高位托举（图4-2-46至图4-2-49）

图4-2-46　膝位托举　　　　　　　　图4-2-47　髋位托举

图4-2-48　肩位托举　　　　　图4-2-49　高位托举

5.按照尖子与底座组成的形状，可以分为坐肩托举、V字坐托举、劈叉托举、桌面托举、L形托举、座椅托举等（图4-2-50至图4-2-55）

图4-2-50　坐肩托举　　　　图4-2-51　V字坐托举　　　　图4-2-52　劈叉托举

图4-2-53　桌面托举　　　　　图4-2-54　L形托举　　　　　图4-2-55　座椅托举

6.按照尖子在托举中完成技术的难度，可以分为初级难度、中级难度和高级难度

按照尖子在托举中的身体姿势，初级难度有并腿站、分腿站等，中级难度有吸腿站、火炬姿站等，高级难度有搬腿站、抱腿站、控腿站等。（图4-2-56至图4-2-64）

（1）初级难度。

图4-2-56　并腿站　　　　　图4-2-57　分腿站

（2）中级难度。

图 4-2-58　吸腿站　　　　　图 4-2-59　火炬姿站

（3）高级难度。

图 4-2-60　搬腿站　　　　　图 4-2-61　弓箭站

图 4-2-62　后搬腿站　　　图 4-2-63　后抱腿站　　　图 4-2-64　后控腿站

（四）金字塔（Tower Pyramid）

金字塔是指一个或多个尖子被一个或多个底座支撑，形成的金字塔形状的动作造型。

1.按照叠加的层数，可以分为两层或三层

2.按照人体高度，可以分为一人高、一人半高、两人高、两人半高（图4-2-65）

图4-2-65　金字塔高度

3.按照形状，可以分为平面式和立体式（图4-2-66、图4-2-67）

图4-2-66　平面式

图4-2-67　立体式

（五）抛接（Toss）

抛接是指底座将尖子抛向空中，尖子在空中完成动作后，被底座再接住的动作。

1.按照起抛的方式，可以分为轿子式、摇篮式、扣托式、膝位式等（图4-2-68至图4-2-71）

图4-2-68　轿子式

图4-2-69　摇篮式

图4-2-70　扣托式

图4-2-71　膝位式

2.按照尖子在空中的身体姿势，可以分为无翻转抛接、有翻转抛接（图4-2-72、图4-2-73）

图4-2-72　无翻转抛接　　　图4-2-73　有翻转抛接

第三节 舞蹈啦啦操术语

舞蹈啦啦操动作术语主要有跳跃、转体、翻腾、柔韧与平衡。

一、跳跃

跳跃（Jump）是指利用下肢力量蹬离地面的腾空动作，体现人体的柔韧性和爆发力。

（一）按照起跳脚，可以分为双脚起跳、单脚起跳

1.双脚起跳（图4-3-1、图4-3-2）

图4-3-1 直体跳

图4-3-2 分腿跳（X跳）

2.单脚起跳（图4-3-3、图4-3-4）

图4-3-3 纵跨跳

图4-3-4 横跨跳

3.单脚或双脚起跳（图4-3-5、图4-3-6）

图4-3-5　斜跨跳（又称踢尔特跳）　　　　图4-3-6　鹿跳

（二）按照场地空间变换，可以分为原地跳跃、行进间跳跃、反身跳跃

1.原地跳跃（图4-3-7至图4-3-10）

图4-3-7　屈体分腿跳　　　　图4-3-8　倒踢紫金冠

图4-3-9　C跳　　　　图4-3-10　双钩跳

2.行进间跳跃（图4-3-11、图4-3-12）

图4-3-11　行进间横跨跳

图4-3-12　行进间斜跨跳

3.反身跳跃（图4-3-13、图4-3-14）

图4-3-13　反身跨跳

（侧面）　（正面）

图 4-3-14　反身莲花跳

二、转体

转体（Turn）是以单脚或者双脚为支撑，围绕身体垂直轴转动的动作，体现人体的平衡感、方向感、控制力和协调性等。

按照脚部支撑点，可以分为单脚类转体和双足类转体。

（一）单脚类转体（图 4-3-15 至图 4-3-19）

图 4-3-15　立转

在律动中飞扬

图 4-3-16　抱腿转

图 4-3-17　阿拉 C 杠

图 4-3-18　挥鞭转

160

（正面）　　　　　　　　　（侧面）

图4-3-19　阿提秋

（二）双脚类转体（图4-3-20至图4-3-23）

图4-3-20　平转（侧举+胸前平屈）

图4-3-21　点步翻身

图 4-3-22 串翻身

图 4-3-23 踏步翻身

三、翻腾

翻腾（Tumbling）是在地面开始并在地面结束，没有他人协助或支撑下完成的翻转动作，并且不完全是髋部高于头的翻转动作。

（一）按照技术动作完成的特点，可以分为非腾空的翻腾动作和腾空的翻腾动作

1.非腾空的翻腾动作

非腾空的翻腾动作主要有侧手翻、肩肘倒立、手倒立、头手倒立等。（图4-3-24 至图4-3-27）

图 4-3-24　侧手翻

图 4-3-25　肩肘倒立

图 4-3-26　手倒立

图 4-3-27　头手倒立

2.腾空的翻腾动作（图4-3-28）

图4-3-28　鱼跃前滚翻

（二）按照技术动作完成的方式，可以分为髋部高于头的腾空翻转动作和髋部非高于头的腾空翻转动作

1.髋部高于头的腾空翻转动作（图4-3-29、图4-3-30）

图4-3-29　踺子

图4-3-30　后手翻

2.髋部非高于头的腾空翻转动作（图4-3-31）

图4-3-31 旋子

（三）按照技术动作完成时的身体姿势，可以分为滚翻类动作、软翻类动作、手翻类动作和空翻类动作

1.滚翻类动作（图4-3-32）

（侧面） （正面）

图4-3-32 单肩后滚翻

2.软翻类动作（图4-3-33、图4-3-34）

图4-3-33　前软翻

图4-3-34　后软翻

3.手翻类动作（图4-3-35）

图4-3-35　头手翻

4.空翻类动作（图4-3-36）

图4-3-36　侧空翻

四、平衡与柔韧

平衡（Balance）是指身体所处位置发生变化时能够自动调整并维持姿势的能力。

柔韧（Flexibilit）是指人体关节活动幅度以及关节韧带、肌腱、肌肉、皮肤和其他组织的弹性和伸展能力，即关节和关节系统的活动范围。

按照技术动作完成特点，可以分为搬腿类、抱腿类、控腿类、劈腿类、垂地类、舞姿类、踢腿类、依柳辛类等。

（一）搬腿类（图4-3-37至图4-3-39）

图4-3-37　前搬腿　　　　图4-3-38　侧搬腿　　　　图4-3-39　后搬腿

（二）抱腿类（图4-3-40至图4-3-42）

图4-3-40　前抱腿　　　　图4-3-41　侧抱腿　　　　图4-3-42　后抱腿

（三）控腿类（图4-3-43至图4-3-45）

图4-3-43　前控腿　　　　　图4-3-44　侧控腿　　　　　图4-3-45　后控腿

（四）劈腿类（图4-3-46至图4-3-48）

图4-3-46　横劈腿　　　　　　　图4-3-47　纵劈腿

图4-3-48　纵劈腿抱腿转

（五）垂地类（图4-3-49、图4-3-50）

图4-3-49　有支撑后垂　　　　图4-3-50　无支撑后垂

（六）舞姿类（图4-3-51至图4-3-53）

图4-3-51　阿拉贝斯平衡　　　图4-3-52　阿提秋平衡　　　图4-3-53　软踹燕

（七）踢腿类（图4-3-54、图4-3-55）

图4-3-54 连续大踢腿

图4-3-55 连续转体360°大踢腿

（八）依柳辛类（图4-3-56、图4-3-57）

图4-3-56　有支撑依柳辛

图4-3-57　无支撑依柳辛

第五章　技巧啦啦操教学

第一节　技巧啦啦操运动风险识别与应对

技巧啦啦操是以口号、托举、金字塔、抛接、翻腾等为主要内容，结合音乐、舞蹈动作、过渡连接、队形变化等要素，展现成套动作的流畅性、过渡性和对观众的吸引力，体现团队精神并追求集体最高荣誉的运动项目。

技巧啦啦操属于技能主导类表现难美性项群，这个项群运动项目的特点是在比赛中力求完成高难度的动作，同时着力展示运动美、人体美。随着技巧啦啦操技术技巧和难度动作的不断发展，观赏性与风险并存，而完美动作的呈现应建立在运动员人身安全的基础之上，因此练习中对运动风险的预判和规避，是促进技巧啦啦操项目持续发展的前提和保障。

一、技巧啦啦操运动风险概念

技巧啦啦操运动风险是指在技巧啦啦操训练、比赛、表演中各种干扰运动员技术发挥，导致运动员运动水平降低的某些特殊情况发生的可能性。

二、技巧啦啦操运动风险识别

技巧啦啦操运动风险有人为因素和环境因素两个方面。

（一）人为因素

1.身体体能引起的风险

技巧啦啦操以翻腾、托举、金字塔、抛接等技巧性动作为主要内容，难度越高，危险性和风险性就越大。因此，运动员具有良好的体能储备是学习技巧啦啦操的基本保障。增强体能可以促进身体健康和发展专项运动能力，可以在训练、比赛、表演中降低运动风险发生的概率或规避运动风险。如果运动员没有达到技巧啦啦操训练的体能要求，就急于训练专项技术动作，不仅容易形成错误的技术动作，而且会因为体能不够导致运动风险的发生。所以，运动员只有具备了良好的体能才能高质量地完成技巧啦啦操的各种技术动作，呈现震撼的视觉效果。

2.心理素质引起的风险

任何一项体育运动，运动员的心理状况都对比赛和训练的结果起着至关重要的影响作用，技巧啦啦操也不例外。技巧啦啦操的运动员如果对训练和比赛中的困难预估不足，盲目自信，不遵循循序渐进的训练原则，那么在训练和比赛中就容易因思想麻痹，导致注意力不集中，诱发运动风险。

在做技巧啦啦操的抛接、托举、金字塔等动作时，底座、保护员和尖子都可能对动作的高度产生恐惧，出现心理障碍，影响动作的完成。此时，如果队员之间没有建立默契，缺乏足够的信任，心理状态不稳定，那么在练习或者比赛中就容易出现动作失误。

运动员对比赛成绩和表演有较高期望值时，或对手发挥很出色，或比赛现场氛围异常热烈，都会给参赛经验不足的运动员带来很大的精神压力。此时，运动员的心态若得不到较好调整，就容易导致运动风险的发生。

3.技术动作引起的风险

技巧啦啦操通过复杂多变的技术动作展现其观赏性和艺术性，团队中的每个角色如尖子、底座、保护员，都需要通力配合来提高技能技巧的水平，以达到增强集体凝聚力的效果。

每个队员所承担的角色不同，完成的技术动作也不同，而技术动作的准确性和稳定性是决定团队水平的重要因素。技巧啦啦操训练、比赛和表演时，难免会出现各种动作失误，所以运动员技术动作水平越高，规则意识、自我保护意识和保护他人的意识越强，运动风险就越低。反之，技术水平弱的队员，容易因技术动作失误导致运动风险的发生。

（二）环境因素

技巧啦啦操以大量的托举、抛接、翻腾、跳跃等动作为表现形式，具有很高的观赏性，因此吸引了很多人参与该项目。但是高观赏性的同时伴随着高风险，技巧啦啦操训练、比赛、表演过程中经常会发生一些不可控和不可预知的情况，这使得运动员存在一些安全隐患。所以，除了需要运动员具备良好的体能和专项技术水平，还需要专业的训练器材、场地等设施设备来降低运动风险发生的概率。

除了必备的专业训练器材和设备，训练、比赛、表演场馆的环境温度也是影响运动风险发生的一个重要因素。环境温度过高，运动员容易产生疲劳感，运动兴奋点降低；环境温度过低，运动员的肌肉僵硬，韧带黏性提高，这些因素也容易诱发运动风险的发生。

因此，个人体能和专项运动能力不够，心理素质不过硬，团队配合不默契，保护措施不到位，专业的场地、器材不具备等，都是造成技巧啦啦操运动风险发生的因素。

三、技巧啦啦操运动风险应对措施

技巧啦啦操的运动风险是客观存在的，运动风险发生的结果又是不可预测的，因此，要采取恰当的预防措施，降低运动风险出现的概率。

（一）教练员应对运动风险采取的措施

1.树立风险意识

教练员是技巧啦啦操训练、比赛、表演的主导者，因此要树立运动风险意识，在教学训练中重视安全教育，提高运动员对运动风险的识别能力和应对能力。

2.具备急救能力

教练员要有丰富的运动损伤急救知识储备和很强的运动损伤急救处理能力，在出现运动风险时，能采用正确的急救方法进行处理，将运动损伤降到最低。

3.科学组织训练

教练员要加强理论与实践的学习，深入研究技巧啦啦操教学与训练的方法，在教学训练中遵循循序渐进的教学原则，不能盲目追求惊险刺激的视觉效果，而忽视运动员的技能水平和当时的身体状况。

教练员可以制作队员成长档案，记录队员成长历程，根据队员的体能和专项运动能力的发展有针对性地采取运动风险防范措施，降低运动风险发生的概率或者规避运动风险。

教练员要科学组织教学训练，根据运动员的体能、运动技术水平、心理特征、智能特征，合理安排尖子、底座、保护员等角色，制订科学有效的训练计划，选择合适的难度等级的技术动作。

4.具备敏锐的洞察力

技巧啦啦操是一个追求团队最高荣誉的集体项目，即使是训练有素的运动员遇到重大比赛或表演时，无形中也会产生压力，增加心理负担，导致动作变形，而且这种紧张情绪会蔓延到整个团队，可能导致团队整体水平下滑。因此，教练员要有敏锐的观察力，及时发现运动员的情绪变化，采取有效的措施，帮助运动员缓解压力，培养团结协作的团队精神，增强队员之间的信任感，降低运动风险。

5.具备良好的沟通能力

教练员要积极与场地管理方沟通，做好场地器材的保管和维护，为教学、训练提供安全的训练环境。教练员还要与学校其他行政机构保持良好的沟通，为教学、训练提供足够的政策保障。

6.培养运动员的风险意识

教练员要指导运动员学会自我健康管理，重视热身和放松环节。课前准备阶段，充分热身可以让身体迅速进入教学训练状态，降低运动损伤发生的概率；课后积极放松，通过拉伸韧带、按摩肌肉来消除肌肉的酸胀感，缓解身体的疲劳，进而防止运动后损伤的发生。

在训练过程中，教练员应不断地提醒队员要互相观察，注意力高度集中，时刻做好自我保护和保护他人的准备，培养运动员的风险意识。例如：时刻提醒尖子运动员，只要执行脚离开地面的动作，就要观察四周，一定要确保有足够的保护员才能上动作。

（二）运动员应对运动风险采取的措施

1.树立风险意识

运动员要有应对运动风险的安全保护意识，严格遵守技巧啦啦操的安全守则；要有很强的团队意识，在加强自我保护的同时，随时做好保护他人的准备，积极养成自我保护和保护他人的意识；要有对运动风险的识别能力，当运动风险出现时，能及时作出判断并采取相应的应对措施。例如：运动员在教学、训练、比赛、表演中，应该着专业的啦啦操鞋和训练服、比赛服，不佩戴任何首饰，防止划伤自己或者队友，如有人违反，团队成员应及时制止并纠正其错误行为。

2.重视体能储备

运动员必须加强体能训练，重视发展心肺功能和改善身体机能，发展肌肉力量、耐力和爆发力，提高柔韧性，发展身体反应、平衡、灵敏、协调和速度等能力。

运动员应重视专项训练，每个角色还要着重发展和角色相对应的专项素质。例如：底座要重点加强手腕、上肢、肩带、身体核心、下肢的身体素质；保护员要控制整个小组的动作节奏，在加强手腕、上肢、肩带、身体核心、下肢的身体素质的同时，还要着重强化节奏练习；尖子要重视身体核心的力量以及上下肢的柔韧、灵敏、平衡等身体素质，还要控制体重。

3.掌握正确技术

运动员要掌握正确的技术动作，不挑战超过自己能力的技术动作。例如：搭架子阶段，顺节奏时，所有角色动作必须正确并保持一致，才能进入下一步的上动作阶段；尖子在做双脚离开地面的动作时，务必观察周围情况，待保护员做好准备才可以上动作。

4.学会调控情绪

运动员要积极应对训练、比赛、表演中出现的意外事件，学会调节情绪，相信自己，相信团队，积极寻求团队的帮助；训练、比赛、表演时，注意力要高度集中。

5.养成健康生活方式

运动员要养成健康的生活方式，不饮酒、不吸烟，保证合理的饮食和充足的睡眠；当出现伤病时，及时和教练员及组内队员沟通，不带伤带病训练；疲劳状态下不做高难度动作，不参加高强度训练；学会采用恰当的方式做行之有效的身体恢复。因此，良好的生活习惯可以促进良好训练习惯的养成。

（三）训练环境应对运动风险采取的措施

1.场地材质要专业

技巧啦啦操的项目特征使其对于教学、训练环境的要求很高，因为专业的场地可以降低运动风险。《2021版啦啦操竞赛规则》规定技巧啦啦操的比赛场地是12.8 m×16.5 m的泡沫地垫。全国比赛和国际比赛的地垫基本上都是专业技巧啦啦操地垫。如果日常运动员在过软或过硬的场地进行教学、训练，例如塑胶地板、塑胶跑道、草地、地毯等，一旦到技巧啦啦操专业地垫上进行比赛、表演，平时训练积累的肌肉记忆，由于发力缓冲的肌肉感觉不同很容易发生伤害事故。

2.场馆高度要适合

尖子被抛起时有可能达到 6 m 左右的高度，因此场馆的高度不能限制队员技术水平的发挥。场馆高度过低，会对运动员造成心理障碍，发生运动风险的概率会增大。

3.场馆设备要齐备

训练环境的温度要适宜，并且通风，要配备足够的海绵垫、海绵包、气垫、保护绳、柔韧训练器、翻腾器等。设备要定期检查维护，损坏时要及时更换，确保能安全使用。尤其是训练、比赛、表演场馆的灯光，不能晃到技巧啦啦操运动员的眼睛或者模糊技巧啦啦操运动员的视线，否则存在运动风险。

4.医护保险有保障

技巧啦啦操教学、训练中要根据实际情况配备基本的医药设备和专业的医护人员，为师生购买保险，建立应急预案。保险是转移风险\应对风险的一种有效方法，不仅可以降低参与者的经济损失，还可以有效地解决赔偿纠纷，有利于技巧啦啦操项目的健康发展。

第二节　技巧啦啦操安全守则

（1）所有运动员必须在具有技巧啦啦操教练员资格的专业人员的监督管理下进行学习、训练、比赛和表演。

（2）教练员必须熟练掌握难度技术动作，根据运动员和队伍整体的技术水平，安排适合的套路级别；所有技巧动作必须符合相应级别，不得超过本级别难度规定范围。

（3）所有技巧动作的保护人员必须是受过正规保护技能训练的本队队员。

（4）所有队伍、俱乐部、领队、教练员必须制定教学、训练、比赛和表演时可能发生的意外伤害事故的应急方案。

（5）教学、训练、比赛和表演时，运动员不能服用含有酒精、麻醉药物等使得个人表现增强的物质或者非处方药，且口中不得含有任何食物或可能造成窒息的非食用物品。

（6）教学、训练、比赛和表演时，运动员必须在啦啦操专用地垫上做技巧动作（如托举、金字塔、抛接、翻腾等），且场地上不得有障碍物，禁止在混凝土、沥青、湿滑或不平坦的地面上进行。

（7）教学、训练、比赛和表演时，运动员必须穿软底运动鞋，不允许穿一般舞蹈鞋、体操鞋、船型软鞋等非专业运动鞋。

（8）教学、训练、比赛和表演时，运动员不得佩戴任何珠宝饰品，不仅限于以下列举，耳环、鼻环、舌环、脐环、面环、手镯、项链、透明塑胶饰物和服装上的别针等，所有饰物必须摘下，且不允许绑贴于身体任何表面。特别说明：允许将水钻附着在比赛服装或皮肤上。

（9）比赛和表演时，场地内不允许出现任何辅助运动员增加高度的设施。

（10）坚硬或边缘非常粗糙的辅助训练器材必须完整包裹缓冲垫或其他适合的防护填充物，以保证运动员免受伤害。

（11）允许使用花球、布条、旗帜、标志牌、扩音器、横幅等道具，但在托举和翻腾的连接动作中不得使用附有杆状或类似的支撑装置；所有道具必须以安全且不会造成伤害的方式传递或者放置；为了增强视觉效果，有意移除的任何位于比赛服上的物件都将被视为道具。

（12）从跳跃、托举或者倒立姿势下落时，禁止膝关节、臀部、大腿、前胸、后背和成劈叉式着地；必要时身体重量可由手或者脚承担，使其得到缓冲。

第三节　技巧啦啦操口号

一、口号的概念

技巧啦啦操的口号是啦啦操特有的内容，是指用语言、辅助动作和道具与观众沟通，引领观众互动来支持某项活动的与众不同的活动现场的表现形式。

二、口号的结构

口号由语言、辅助动作和道具三个元素构成。

（一）语言

技巧啦啦操的口号在成套动作开始前或者中间使用，一般由队长带领大家一起呼喊。

口号的内容主要来自活动主题、参赛队的队名、队伍的吉祥色、本国国旗的颜色等特色元素，要与音乐和创编的动作协调吻合，使用的词语或短句要简单明了。关于口号，我们鼓励使用地方语言，体现地方特色，但在国际比赛时鼓励使用母语，体现啦啦操文化的多样性。

准确巧妙地使用口号，契合活动主题，可以有效地调动观众的热情，引导观众积极呼应，达到鼓舞己方士气、震慑对手的效果。

（二）辅助动作

技巧啦啦操的口号可以恰当地使用辅助动作，例如托举、金字塔、翻腾、跳步等。托举和金字塔中尖子的呐喊可以很好地带动现场的氛围，抛接、翻腾、跳步等一般用于口号的间隙，起到视觉冲击的作用。

（三）道具

技巧啦啦操口号的道具是指可操作的物体，如花球、旗帜、条幅、布条、传声筒、标志牌等。任何主动从身体上取下，并且用于增强视觉效果的物品都被视作道具。

传声筒能够提高音量，将声音传播得更远，同时为口号增强视觉冲击力；标志牌可以清晰地展示口号的内容，吸引观众加入跟读；花球可与口号中语言表述的颜色相呼应，起到很好地指引观众与团队互动的作用；旗帜等其他辅助道具用来展示队伍的队名、队训等，以此吸引观众的注意力，从而获得观众的支持。

三、口号的基本要求

（一）语言基本要求

口号的语言要简单押韵，抑扬顿挫，节奏明快，整齐响亮；语句形式单一且能重复出现，便于观众理解和跟读；内容积极向上，富有正能量，可以鼓舞人心。因此，口号是观众了解自己队伍的最简单、最直观的方式，可以带动观众参与互动，跟随本队的口号节奏一起呼喊，为本队加油助威。

（二）辅助动作基本要求

口号的辅助动作在以不影响语言传递的情况下，可以使用变化频率适中的托举、金字塔等，并结合花样翻新的翻腾、跳步等动作，达到视觉冲击的效果。

（三）道具基本要求

口号的道具既要突出参赛队的特色和口号语言的主旨，又能和其他参赛队区别开来，体现出明显的队伍特征，然后通过各种道具的合理变化，达到带动现场观众积极响应口号的作用。

四、口号案例

下面给出两个口号示例。

示例一：

Let's go China:C H I N A,China,中国

Let's go China:Red and Yellow

示例二：

Are you ready:W H E Z ,芜湖二中；责任共担、荣誉共享

两个口号的内容简单易读。第一个口号的内容编排融入了中国国旗的颜色（红色和黄色），以及国家的英文简称和中文国名；第二个口号的内容编排使用了参赛队的队名和队名的字母缩写，同时突出队训，反映了参赛队的精神文化。表演时引导和带领观众反复呼喊朗朗上口的口号，不仅可以充分调动运动员的积极性，也可以渲染现场热烈的气氛。

参加国际赛事时，口号是展示国家形象、宣传学校和区域文化的有效途径之一，还是一支队伍独特的文化符号，有助于增加参赛队的辨识度，提高参赛队的影响力，从而进一步增强团队的凝聚力。

第四节　技巧啦啦操难度动作

技巧啦啦操是以翻腾、跳步、托举、金字塔、抛接等难度动作为主要内容，结合音乐、口号、操化动作、过渡连接等要素展现高超的技能技巧，体现积极向上的团队精神并追求集体最高荣誉的运动项目。

一、翻腾

翻腾（Tumbling）是指在地面开始，髋部高于头部且在地面结束的无底座支撑的动作。

（一）原地翻腾（Standing Tumbling）

原地翻腾是指从站立姿势开始，没有向前助跑的翻腾动作。

[动作名称] 前滚翻（图5-4-1）

图5-4-1　前滚翻

1.动作方法

蹲撑，重心前移，两腿蹬地，屈臂、低头、含胸、提臀，用头的后部在两手支撑点前着垫，经颈、背、腰、臀依次向前滚动；当滚至背部和腰部时，迅速收腹屈膝，上体紧跟大腿，团身抱腿成蹲立。

2.教学重难点

教学重点：团身紧，滚动圆。

教学难点：蹬地、低头、团身的时机。

3.保护帮助的方法

保护员跪立于练习者的侧前方，一手托其头的后颈部，帮助其含胸低头，一手托其小腿，帮助其团身滚动，接着推背助其蹲立。

4.教学方法

方法一：双手抱腿做连续滚动练习。（图5-4-2）

图5-4-2　前滚翻方法一

方法二：屈肘翻掌于肩上，身体团紧，做前后滚动。（图5-4-3）

图5-4-3　前滚翻方法二

方法三：从高处向低处，做完整练习，体会蹬地。（图5-4-4）

方法四：用两腿膝盖内侧夹一张纸做完整练习，全程纸不能掉落，体会两腿膝盖并拢、大腿紧贴胸部、小腿紧贴大腿的团身滚动动作。（图5-4-5）

方法五：用两腿踝关节内侧夹一张纸做完整练习，全程纸不能掉落，体会两腿踝关节并拢的团身滚动动作。（图5-4-6）

图 5-4-4　前滚翻方法三

图 5-4-5　前滚翻方法四

图5-4-6　前滚翻方法五

5.易犯错误及纠正方法

错误一：滚动方向不正，纠正的方法是提醒练习者两臂同时推手，双脚同时蹬地，用方法三纠正。

错误二：团身不紧，用方法一、方法二和方法四纠正。

错误三：团身不紧，滚动时空中分腿，身体起不来，用方法三、方法四和方法五纠正。

（二）行进间翻腾（Running Tumbling）

行进间翻腾是指用趋步或者跨步获得翻腾动力的翻腾动作。

[动作名称] 踺子（以左脚为例）（图5-4-7）

图5-4-7　踺子

1.动作方法

踺子又称侧手翻向内转体90°，从站立姿势开始，助跑，含胸趋步，左脚蹬地，右腿后摆，上体前压侧转，左手外旋并在左脚前撑地，以左臂为支撑向左转体同时顶肩，接近倒立时，右手在左手一侧用力撑地，左腿积极向右腿并拢，两臂用力顶肩推手，收腹进腿，直腿击地，立腰抬上体，双脚落地时，由脚前掌过渡到全脚掌，成上体稍前倾的站立姿势，为下一个动作做准备。

2.教学重难点

教学重点：撑手的位置，倒立转体，推手进腿，直腿击地。

教学难点：转体与收腹进腿的时机。

3.保护帮助的方法

保护者站在练习者的左侧前方，当练习者经过手倒立时，扶住其腿部，帮助其转体、推手、提腰、进腿，动作完成后，用手挡住其背部，防止向后倒。

4.教学方法

方法一：保护者站在练习者的左侧前方，练习者在保护帮助下做原地单臂支撑转体90°成倒立。（图5-4-8）

图5-4-8　踺子方法一

方法二：体操垫与墙面成90°摆放，靠墙做原地单臂支撑转体成倒立。不允许摆动腿踢到侧面体操垫，防止摆腿时形成扫腿的错误动作。（图5-4-9）

图5-4-9　踺子方法二

方法三：保护者站在练习者的左侧前方，练习者在保护帮助下做手倒立，接

着转体180°做推手、提腰、进腿。（图5-4-10）

图5-4-10　躜子方法三

方法四：趋步助跑，做转体水平打海绵包练习，海绵包的高度要与练习者的髋部同高。（图5-4-11）

5.易犯错误及纠正方法

错误一：撑手位置不对，转体过早，纠正的方法是提醒练习者，撑地时左手外旋90°，右手内旋180°，用方法一和方法三纠正。

错误二：摆腿方向不正，转体偏离翻转方向，用方法一和方法二纠正。

错误三：推手、收腹、进腿不协调，用方法三和方法四纠正。

图 5-4-11　踺子方法四

（三）滚翻（Roll）

滚翻是指躯干依次接触地面，并经头部翻转的动作。

[动作名称] 挺身式鱼跃前滚翻。（图 5-4-12）

1.动作方法

从站立姿势开始，助跑，向前上方跳起，空中积极后摆腿，同时挺胸、抬头、展体，两手撑地时，有控制地屈臂、低头、含胸，团身起。

图5-4-12 挺身式鱼跃前滚翻

2.教学重难点

教学重点：空中展体充分，滚动圆滑。

教学难点：腾空时重心的位置，空中后摆腿髋打开的角度，落地屈臂、低头、含胸的时机。

3.保护帮助的方法

保护者站在练习者的侧前方，顺势用手托其大腿前送，帮助其滚翻。

4.教学方法

方法一：了解学习的顺序：前滚翻（空中屈腿）——前滚翻（空中直腿）——远撑前滚翻（空中直腿）——鱼跃前滚翻——挺身式鱼跃前滚翻。

方法二：从高处向下做完整动作。（图5-4-13）

图5-4-13　挺身式鱼跃前滚翻方法二

方法三：用助跳板练习完整动作。（图5-4-14）

图5-4-14　挺身式鱼跃前滚翻方法三

5.易犯错误及纠正方法

错误一：空中展体不充分，用方法一、方法二和方法三纠正。

错误二：翻转速度不够快，用方法二和方法三纠正。

（四）软翻（Walkover）

软翻是指用单手或者双手支撑，做向前或者向后的髋部高于头部的翻转动作。

[动作名称] 前软翻（图5-4-15）

图 5-4-15　前软翻

1.动作方法

两脚前后站立，一腿蹬地，一腿后摆，经前后分腿手倒立，然后肩部后撤，抬头挺胸，立腰，摆动腿靠近手落地，脚落地的同时推手、顶胯、立腰、伸膝，最后蹬地腿下压，双臂带动上肢，抬头挺胸，起身后双脚成前后站立，两臂上举。

2.教学重难点

教学重点：前后分腿倒立时撤肩立腰。

教学难点：腰部的柔韧性，摆动腿落地和顶跨、立腰、伸膝的配合时机。

3.保护帮助的方法

保护者站在练习者摆动腿的同侧，前翻时，一手握其上臂，一手托其腰部，帮助起身。

4.教学方法

方法一：分腿站立，身体后屈成桥，体会顶肩推手。（图5-4-16）

图 5-4-16 前软翻方法一

方法二：手扶高处，由桥起身，体会顶胯立腰。（图 5-4-17）

图 5-4-17 前软翻方法二

方法三：做前软翻双脚落地，体会顶肩推手、顶胯立腰。（图 5-4-18）

图 5-4-18 前软翻方法三

方法四：对墙做前后分腿手倒立，摆动腿支撑于墙面，体会前后分腿、手倒立时顶肩、立腰。（图5-4-19）

图5-4-19　前软翻方法四

方法五：分腿站立，后屈成桥，一腿上举，起身成起始姿势，体会顶肩推手、挺胯立腰成站立姿势的动作过程。（图5-4-20）

图5-4-20　前软翻方法五

方法六：保护者两人一组面对面分腿站立，同侧手相握，站在练习者的前侧，练习者做向前翻时，两个保护者用手臂托其腰背部，帮助练习者起身。（图5-4-22）

5.易犯错误及纠正方法

错误一：顶肩立腰不够，用方法一、方法四纠正。

错误二：向前翻时，身体扭转，用方法三、方法四、方法六纠正。

错误三：摆动腿落地时不能及时顶肩推手，顶胯立腰，用方法二、方法五、方法六纠正。

图5-4-21　前软翻方法六

（五）手翻（Handspring）

手翻是指通过手支撑后，人体经过倒立的姿势，做推离翻转的动作。

[动作名称] 后手翻（图5-4-22）

图5-4-22　后手翻

1.动作方法

站立，稍屈膝，两臂后摆，重心后移，两臂经前向后上方摆动，梗头，双脚蹬地，抬头、挺胯，身体后屈，落地时双手撑地，利用反背弓手倒立的反弹力直臂、顶肩、推手，收腹提胯，落地成直立。

2.教学重难点

教学重点：重心后移，抬头顶胯，收腹进腿。

教学难点：起跳蹬地的方向和力量，空中翻转的顶胯，落地进腿的时机。

3.保护帮助的方法

保护者站在练习者的侧后方，练习者向后翻转时，一手托其腰部，一手托其大腿后部。

4.教学方法

方法一：保护者站在练习者的后方，双手扶其腰部。当练习者跳起至半空时，保护者顺势用力上举，让练习者体会梗头、拔背、含胸、快速起跳的过程。（图5-4-23）

图5-4-23　后手翻方法一

方法二：练习者背对海绵包，梗头、蹬地、摆臂后躺，体会蹬地发力的感觉，消除向后翻转的恐惧心理。（图5-4-24）

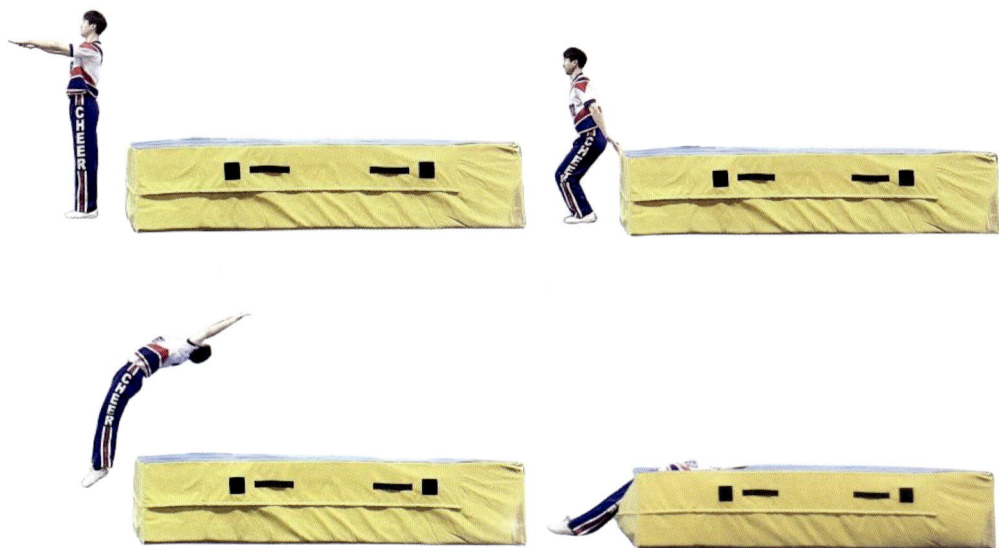

图 5-4-24　后手翻方法二

　　方法三：两人背对背站立，两臂同时上举。保护者握住练习者的手臂，主动做体前屈，用后背把练习者翻转过去。练习者双手撑地，经倒立姿势后，主动收腹屈髋收腿，体会空中挺髋，经手倒立，直臂、顶肩、推手，收腹提髋的过程。（图 5-4-25）

图 5-4-25　后手翻方法三

　　方法四：练习者背对翻腾器做屈膝、蹬地、摆臂、起跳，抬头、倒肩、顶髋、挑腰的练习，体会重心后移、蹬地摆臂。（图 5-4-26）

图5-4-26　后手翻方法四

方法五：练习者面对翻腾器做手倒立，身体靠在翻腾器上，接着做直臂、顶肩、推手，进腿，起身站立的练习，体会倒立进腿。保护者站在翻腾器后方，顶住翻腾器，不让其移动，在练习者做起身站立练习时，顺势向前滚动翻腾器，帮助练习者起身。（图5-4-27）

图5-4-27　后手翻方法五

方法六：练习者背对翻腾器做完整练习。（图5-4-28）

5.易犯错误及纠正方法

错误一：蹬地起跳不充分，膝关节前顶；蹬地摆臂不协调，空中挺胯不充分。纠正的方法是提醒练习者起跳时膝关节不要超过脚尖，用方法一和方法四纠正。

错误二：动作方向不正，用方法二、方法四纠正。

错误三：推手进腿不及时，用方法三和方法五纠正。

错误四：由于恐惧的心理，导致动作错误，用方法二和方法六纠正。

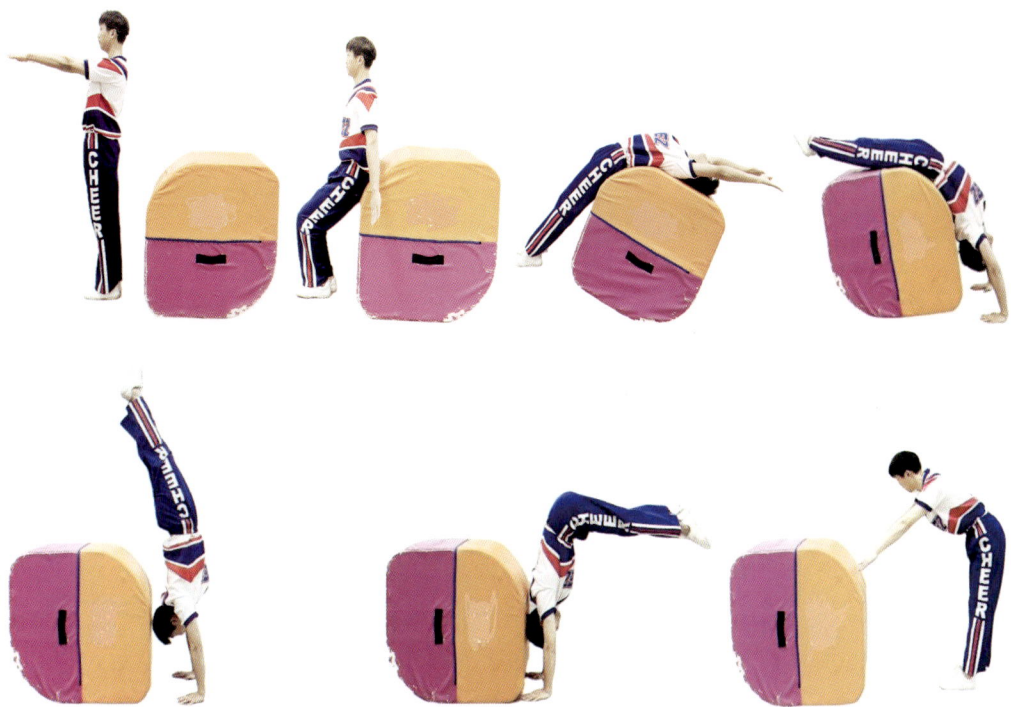

图 5-4-28 后手翻方法六

（六）空翻（Flip）

空翻是指完成动作时没有支撑，经过髋部高于头部的翻转动作。

[动作名称] 后空翻（图 5-4-29）

图 5-4-29 后空翻

1.动作方法

站立，梗头，眼睛平视，屈膝蹬地起跳，重心稍后移，由下经前向上摆臂，接近身体最高点时，提膝、团身抱腿、翻臀，当翻至3/4周时(眼睛能看见地面时)，展体举臂，放腿，前脚掌过渡到全脚掌，屈膝缓冲落地。

2.教学重难点

教学重点：蹬地摆臂，屈膝翻臀，展胯放腿。

教学难点：起跳时蹬地的角度，提膝团身和翻转的时机，落地的稳定性。

3.保护帮助的方法

保护者站在练习者的侧后方，一只手托其腰部，一只手托其臀部；练习者翻转过来后，一只手迅速换握住其上臂，一只手仍然扶住其腰背部，防止其向后倒地。

4.教学方法

方法一：练习者平躺在体操垫上，上臂上举，做快速收腹提膝的动作，体会身体在空中达到最高点时提膝的时机。（图5-4-30）

图5-4-30　后空翻方法一

方法二：练习者平躺在体操垫上，两臂从体前向上方带臂，然后收腹提膝抱腿，体会腾空后身体快速团身抱腿翻臀的一系列技术动作。（图5-4-31）

图5-4-31　后空翻方法二

方法三：保护者站在练习者的后方，双手扶其腰部，帮助练习者跳起，并把练习者托起，让其体会空中团身抱腿。（图5-4-32）

图5-4-32　后空翻方法三

方法四：两人分站在练习者的侧面，一只手抓其裤腰，一只手托其腿部，帮助其翻转，让练习者体会空中梗头团身、抱腿翻臀、展体放腿。（图5-4-33）

方法五：从30 cm左右的高处向下翻，体会完整动作，克服恐惧心理。（图5-4-34）

方法六：在气垫上练习后空翻，体会向后翻转，克服恐惧心理。（图5-4-35）

5.易犯错误及纠正方法

错误一：起跳后，团身不及时，用方法一纠正。

错误二：起跳时，起跳高度不够，上体过于后仰，用方法三纠正。

错误三：提膝翻臀不协调，用方法一、方法二和方法四纠正。

错误四：空中团身不紧，纠正的方法是提醒练习者不要只用双手抱住小腿，而是用前臂紧紧抱住小腿，用方法二、方法三、方法四纠正。

错误五：落地不稳，纠正的方法是提醒练习者转到面部朝下，眼睛能看到地面时，要积极主动地做放腿展体的动作，用方法四、方法五和方法六纠正。

错误六：心里恐惧，不敢做动作，用方法四、方法五、方法六纠正。

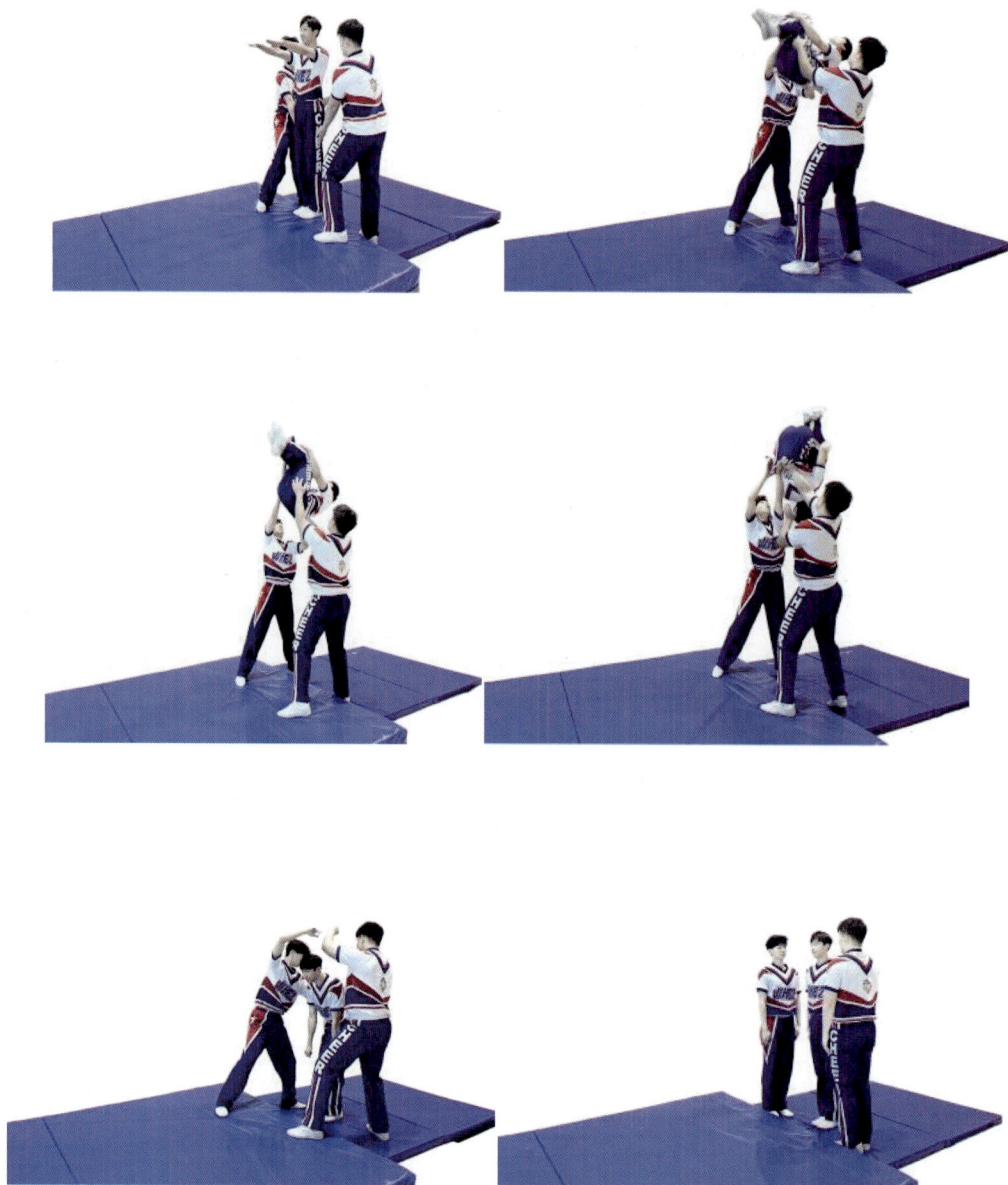

图5-4-33　后空翻方法四

图5-4-34　后空翻方法五

图5-4-35　后空翻方法六

二、跳跃

跳跃（Jump）是指利用下肢力量蹬离地面的腾空动作。

[动作名称] 屈体分腿跳（图5-4-36）

图5-4-36　屈体分腿跳

1.动作方法

直立，两臂斜上举，向内绕环至侧举，同时双腿垂直跳起至空中成屈体分腿的姿势，两腿举至平行水平面或者高于水平面的位置，躯干与两腿的夹角不大于60°，手臂伸向脚尖且高于两腿的位置，落地时屈膝缓冲，双腿并拢。

2.教学重难点

教学重点：空中屈体分腿的身体姿势。

教学难点：空中屈体分腿，两腿的夹角最小90°，躯干与两腿的夹角不大于60°。

3.保护帮助的方法

保护者站在练习者的后侧，双手扶其腰部，当其起跳时，保护者顺势给予练习者向上的助力。

4.教学方法

方法一：纵叉和横叉练习，加强腿的柔韧性（图5-4-37）。

图5-4-37　屈体分腿跳方法一

方法二：原地双脚起跳，体会起跳动作。（图5-4-38）

图5-4-38　屈体分腿跳方法二

方法三：保护者站在练习者的正后方，双手扶其腰部，练习者两手握住保护者的腕关节。当做屈体分腿跳时，保护者顺势给予练习者向上的助力，让练习者体会空中屈体分腿的技术动作。（图5-4-39）

方法四：仰卧垫上，做两头起，起身做分腿，体会屈体分腿的技术动作。（图5-4-40）

方法五：分腿坐于垫上，做连续举腿，提高髂腰肌的力量。（图5-4-41）

5.易犯错误及纠正方法

错误一：起跳不充分，加强下肢力量，用方法二纠正。

错误二：屈体分腿，两腿的夹角达不到最低标准90°，用方法一和方法四纠正。

错误三：空中屈体分腿，躯干与两腿的夹角过大，两腿不能举至平行水平面或者高于水平面的位置，用方法三、方法四和方法五纠正。

图 5-4-39　屈体分腿跳方法三

（侧面）　　　　　　（正面）

图 5-4-40　屈体分腿跳方法四

图 5-4-41　屈体分腿跳方法五

三、托举

托举（Stunt）是指尖子被一人或者多人支撑托起离开地面，在空中的不同高度完成各种动作造型。

[动作名称] 两底座阶梯式踩上肩位站立（图5-4-42）

图5-4-42 两底座阶梯式踩上肩位站立

1. 人员构成

两个底座，一个后保，一个尖子。

2. 动作方法

准备姿势：两底座面对面站立，尖子在前，保护员站在尖子后侧。

动作过程：一侧底座成弓步站立，双手重叠，掌心向上置于大腿的髋关节处；另一侧底座分腿开立，双手掌根并拢，掌心向上，掌面展平，置于胸前；尖子双手支撑于两个底座肩部，一只脚踩在一侧底座的手掌上借力吸腿，另一只脚踩在另一侧底座的手掌上；后保双手握住尖子的腰部，两底座和后保同时发力，向上托举尖子至肩位，尖子借力提气，将两腿伸直，成肩位站立。

3. 教学重难点

教学重点：阶梯式踩上肩位。

教学难点：尖子、底座、保护要协同发力。

4. 教学方法

方法一：台阶练习，尖子直立，一脚踏在台阶上，做垂直向上蹬地发力的动作。（图5-4-43）

图 5-4-43　两底座阶梯式踩上肩位站立方法一

　　方法二：直抛练习，一名底座双手握住一名尖子的腰胯部，尖子双手向后，虎口朝前，掌心向下，握住底座的两个手腕。底座向上用力直抛尖子，体会垂直向上发力的动作感觉，建立上下肢协同发力的意识；尖子体会直上直下的身体感觉；底座与尖子体会同时协同发力的身体感觉。（图5-4-44）

图 5-4-44　两底座阶梯式踩上肩位站立方法二

方法三：一侧底座成弓步站立，双手重叠，掌心向上置于大腿的髋关节处；另一侧底座分腿屈膝开立，双手掌根并拢，掌心向上，掌面展平，置于胸前，后保将手分别压在两个底座手掌心上，模拟尖子的站位；两个底座同时发力，体会发力的一致性。（图5-4-45）

图5-4-45 两底座阶梯式踩上肩位站立方法三

方法四：练习初期，前保护员抓住尖子脚踝同底座、后保同时发力，向上托举尖子至肩位；在底座身后安排保护员，在底座力量不够时，保护员双手分别握住底座的两个手腕，帮助其垂直向上发力。（图5-4-46）

图5-4-46 两底座阶梯式踩上肩位站立方法四

5.易犯错误及纠正方法

错误一：尖子没有垂直向上蹬地，用方法一、方法二纠正。

错误二：两个底座没有协同向上发力，用方法三、方法四纠正。

错误三：后保护员没有垂直向上托送尖子，用方法二纠正。

错误四：底座用腰部发力托举尖子，用方法二、方法四纠正。

[动作名称] 后上单底座肩位托举（图5-4-47）

（侧面）　　（正面）

图5-4-47　后上单底座肩位托举

1.人员构成

一个底座，一个尖子。

2.动作方法

准备姿势：以尖子左脚为支撑脚为例。底座两脚前后成弓步站立，上体稍前倾，双臂上举，掌心向上；尖子站在底座正后方，以左脚为支撑脚，右腿屈膝抬腿踩在底座腰背部中间位置，重心上提，双臂上举，与底座手握手。（图5-4-48）

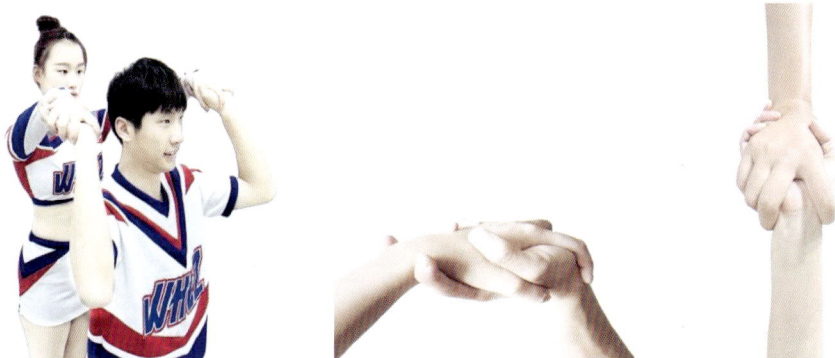

图5-4-48　后上单底座肩位托举两手相握的方法

动作过程：底座双腿蹬伸，双手向上提拉尖子；尖子右脚为支撑点，左腿提膝向上踩在底座肩上，接着抬右脚踩肩，双脚踩在底座两肩上成站立姿态，身体提气收紧，小腿稍向内夹；底座双手迅速换抓尖子膝关节处，肘关节向内夹紧成站肩姿势。

2.教学重难点

教学重点：后上站肩。

教学难点：尖子后上肩时身体重心方向与底座向上发力方向的一致性。

3.教学方法

方法一：台阶练习，尖子直立，一只脚踏在台阶上，另只一脚做蹬地向上吸腿，尖子体会一条腿发力蹬地，另一条腿吸腿踩在底座肩上的感觉。（图5-4-49）

图5-4-49　后上单底座肩位托举方法一

方法二：负人半蹲，尖子坐在底座肩上，手扶柱子，底座负重蹲起，体会腿部发力的感觉。（图5-4-50）

图5-4-50 后上单底座肩位托举方法二

方法三：站肩蹲立，在有后保护员的情况下，尖子站肩，底座练习蹲和起，体会腿部发力的感觉，加强腿部力量；提高底座与尖子的配合度，帮助尖子克服站肩的恐惧心理，熟练后可练习站肩蹲跳。（图5-4-51）

（正面） （侧面）

图5-4-51 后上单底座肩位托举方法三

方法四：弹力带抗阻练习，底座两脚前后成弓步站立，后脚踩弹力带，双手抓弹力带由后向前上拉，体会尖子被向上拉送的技术动作。（图5-4-52）

图5-4-52　后上单底座肩位托举方法四

方法五：在保护帮助下做完整动作，一名保护员站在底座侧面，手握底座的手臂，向上托送底座的手臂；一名保护员站在尖子的身后，双手握住尖子的腰部，向上送尖子踩背上肩。（图5-4-53）

图5-4-53　后上单底座肩位托举方法五

4.易犯错误及纠正方法

错误一：尖子踩不上去底座的肩部，原因是底座蹲不下来，要加强腿部力量，用方法二、方法三纠正。

错误二：尖子踩位不正确，将底座踩成反背弓姿势，要提醒尖子身体重心位置向上，同时底座力量素质要提高，用方法一、方法四纠正。

错误三：底座和尖子配合不协调，尖子踩不上底座的肩部，用方法三和方法五纠正。

[动作名称] 单底座单尖子180°上肩位托举站立（图5-4-54）

图5-4-54　单底座单尖子180°上肩位托举站立

1.人员构成

一个底座，一个尖子。

2.动作方法

准备姿势：以尖子左脚为支撑脚为例。底座开立，两脚与肩同宽或稍大于肩部，屈膝半蹲，右手在上，双手掌心向上交叠置于两个膝盖中间；尖子立于底座正前方，双手扶底座双肩，以左脚为支撑脚，右腿提膝，右脚置于底座手掌上。

动作过程：底座与尖子重心同时下沉，底座双腿蹬伸，双手握住尖子的右脚，两臂向上发力，同时尖子向上发力右腿蹬伸；底座将尖子向上送至头的前上方，尖子到达最高点时，底座左手松开，尖子随即身体顺时针旋转180°，底座右手继续握住尖子的脚随尖子转动，待尖子转至180°后，左手主动去接尖子左脚，双腿屈膝下沉缓冲，双手置于肩部，托举尖子的双脚，眼睛一直看着尖子；尖子挺胸、收腹、立腰、直背，两臂成下H，保持平衡。

3.教学重难点

教学重点：转体上法。

教学难点：尖子转体180°时身体重心的位置，尖子蹬地向上转体时与底座发力的配合，尖子转体后放脚与底座接脚的时机。

4.教学方法

方法一：台阶练习，尖子直立，一脚踏在台阶上，另一脚做垂直向上蹬地动作，并在最高点做顺时针转体180°的动作。（图5-4-55）

（侧面）　　　　（正面）

图5-4-55　单底座单尖子180°上肩位托举站立方法一

方法二：垂直上法，尖子立于底座正前方，双手扶底座双肩，以一只脚为支撑脚，另一只脚踩在底座的手掌上；底座发力将尖子垂直向上送至最高点；尖子挺胸、收腹、立腰、直背，顺着底座的发力向上；尖子不转体，底座放脚接住尖子。（图5-4-56）

方法三：模拟练习，后保双手放在底座手掌上，模拟尖子的脚，底座垂直向上发力，并在最高点转手接脚。（图3-4-57）

方法四：转体上法，在保护帮助下进行完整练习。（图5-4-58）

图 5-4-56　单底座单尖子180°上肩位托举站立方法二

图 3-4-57　单底座单尖子180°上肩位托举站立方法三

图5-4-58 单底座单尖子180°上肩位托举站立方法四

5.易犯错误及纠正方法

错误一：底座和尖子配合不协调，用方法二纠正。

错误二：尖子没有在最高点转体，用方法一、方法四纠正。

错误三：底座转手时不主动去接尖子的脚，或底座双手接不住尖子的脚，用方法三、方法四纠正。

［动作名称］肩位托举接下（图5-4-59）

图5-4-59 肩位托举接下

1.人员构成

一个底座，一个尖子。

2.动作方法

准备姿势：尖子与底座肩位站立，面朝同一方向，底座双手掌心向上，平放至胸前，尖子挺胸、收腹、立腰，拔背，站在底座手上，成单底座托举姿态。

动作过程：尖子保持身体紧直，底座双腿屈膝下沉，然后向上推手发力，在最高点迎托尖子，同时抓握尖子腰部，尖子两手向后抓底座两手手腕，然后底座有支撑有控制地将尖子托下并缓冲落地。

3.教学重难点

教学重点：肩位托举下。

教学难点：底座在最高点迎托尖子并缓冲落地。

4.教学方法

方法一：直抛练习，尖子和底座连续做直抛练习，底座在最高点迎托尖子。（图5-4-60）

图5-4-60　肩位托举接下方法一

方法二：推举练习，底座成仰卧位，屈臂，两手抓握尖子两脚足弓处托举尖子；尖子分腿直立，紧身；保护员分腿站立于尖子前，扶持尖子不掉落。底座垂直向上推起至直臂后慢落还原成屈臂，尖子收腹、夹臀，大腿内侧肌肉收紧，不主动发力，跟随底座的力量起和落。（图5-4-61）

图5-4-61　肩位托举接下方法二

方法三：手接腿练习，一名保护员站在练习者侧面，在单底座单尖子肩位托举接下时接尖子的腿，帮助尖子落地缓冲。（图5-4-62）

图5-4-62　肩位托举接下方法三

4.易犯错误及纠正方法

错误一：底座没有在最高点迎托尖子，用方法一纠正。

错误二：底座没有垂直向上托送尖子，用方法一、方法二纠正。

错误三：尖子屈腿，重心前倾，下落时，蹬推底座，要语言提示尖子，用方法三纠正。

[动作名称] 肩位托举摇篮接（图5-4-63）

（正面）　　　（斜面）　　　（侧面）　　　（斜面）

图5-4-63　肩位托举摇篮接

1.人员构成

两个底座，一个后保，一个尖子。

2.动作方法

准备姿势：两个底座面对面站立，底座双手掌根并拢，掌面放平至于胸前，握住尖子的脚；尖子身体直立，两臂成下H，两脚站于底座手掌上，提气，身体收紧；后保站在尖子后方，两手握住尖子的小腿。

动作过程：尖子保持挺胸、收腹、立腰、直背，两臂成上V；底座和后保同时屈膝下沉，然后迅速将腿蹬伸，顶肩推手向上发力，将尖子抛离手；尖子提气，绷紧身体，双手上举跟随底座的发力方向垂直向上，身体成直体姿势。

当尖子在最高点执行完空中动作后，两个底座双手伸直在最高点迎接尖子，一只手迎尖子腰背部，另一只手迎尖子两腿，有控制有缓冲地接住尖子成摇篮接；后保扣肩接轿，保护尖子的头部和肩部；尖子在最高点执行完空中动作后，双手直臂下摆至体前，同时平躺挺胯，当身体接触到底座和后保时，屈肘，双手迅速搂住两个底座的肩部成屈胯躺的姿态。

3.教学重难点

教学重点：摇篮接。

教学难点：底座、后保下沉和抛起的发力与尖子沉、起节奏的一致性。

4.教学方法

方法一：扣肩接轿。尖子站在底座的前面，直体向后倒，底座两臂向前伸，主动去迎接尖子；当底座的双手接触到尖子的肩部，两臂主动伸入尖子的腋下，先屈前臂，然后以上臂带动前臂，将尖子拉至胸前，底座的头向左（右）侧偏，让尖子的头肩部落在底座右胸部（左胸部），防止底座和尖子头部相撞，最后底座屈臂扣紧尖子；同时底座身体的重心跟随尖子的重心移动，先向前移，然后随着尖子身体重心后倒而后移，并屈膝半蹲，维持身体平衡。（图5-4-64）

（侧面）　　　（正面）　　　（侧面）　　　（正面）

图5-4-64　肩位托举摇篮接方法一

方法二：摇篮式抛接。

准备姿势：两个底座用摇篮式抱起尖子，四只手臂分别托住尖子的肩部、上背部、腰部和大腿后侧；尖子两臂搂住两个底座的肩部，屈胯躺在底座手臂上成摇篮接姿势；后保双手托住尖子的肩部。

沉轿阶段：两个底座同时屈膝下蹲，后保随底座一起下蹲，尖子身体绷紧，随底座、后保一起下沉。

抛起阶段：两个底座经沉轿后同时垂直向上发力将尖子抛起；尖子在空中保持平躺姿势并绷紧身体；后保随两个底座一起垂直向上发力，在最高点迎托尖子并接住尖子。（图5-4-65）

图5-4-65　肩位托举摇篮接方法二

方法三：模拟练习，后保将手肘压在底座手臂上，模拟尖子的重量，让两个底座垂直向上发力，体会发力的一致性。（图5-4-66）

图5-4-66　肩位托举摇篮接方法三

方法四：模拟练习，尖子站在高处，底座和后保站在尖子后方，成摇篮接姿势，尖子身体紧绷，直体后倒，两个底座和后保双手上举在最高点迎托尖子，并缓冲将尖子搂在胸前；熟练后尖子紧绷身体直体向后跳，两个底座和后保在最高点迎接尖子并做缓冲的动作。（图5-4-67）

图5-4-67　肩位托举摇篮接方法四

5.易犯错误及纠正方法

错误一：尖子在空中的身体姿态不正，原因是轿面不平整，两个底座和后保的合力不是垂直向上，用方法二、方法三纠正。

错误二：底座抛起的高度不够，原因是四人的合力不是垂直向上，用方法二、方法三纠正。

错误三：尖子在空中的身体姿势是松垮的，底座和后保抛不起来，提醒尖子的身体要绷紧，用方法一、方法二纠正。

错误四：底座和后保不会移动接尖子，提醒底座和后保，眼睛要始终看着尖子在空中的位置，根据尖子的位置及时调整自己的位置，在尖子下落的正下方迎接尖子，用方法二、方法四纠正。

[动作名称] 多底座单尖子肩位侧搬腿托举（图5-4-68）

图5-4-68　多底座单尖子肩位侧搬腿托举

1.人员构成

两个底座，一个后保，一个尖子。

2.动作方法

准备姿势：两个底座面对面开立，屈膝半蹲；尖子双手分别扶在底座的肩部，一只脚踩在底座的手上，另一只脚踩在地面上，身体稍前倾，重心在底座的手上；主底一只手抓握尖子的脚前掌，另一只手抓握尖子的脚后跟，副底一只手抓尖子的足弓，另一只手抓尖子的脚踝；后保站在尖子的身后，双手握住尖子的腰部。

动作过程：尖子随着底座和后保的动作节奏一起下沉，然后底座向上发力，同时后保向上托送尖子，三方协同发力，将尖子托送向肩位，尖子支撑腿伸直。底座与后保将尖子托送到最高点时，主底迅速转换手型成两手掌根相对，手掌放平，抓托尖子的脚；后保随即一只手抓握尖子支撑腿的小腿处，另一只手抓握尖子支撑腿的大腿处；尖子身体紧绷，胯正直，臀部夹紧，一只手抓握一条腿向侧举成侧搬腿。

3.教学重难点

教学重点：肩位侧搬腿托举。

教学难点：底座抓尖子脚的位置，尖子、底座、保护的协同发力，尖子单脚的平衡能力。

4.教学方法

方法一：底座和后保加强身体核心、腿部、腰部、手腕、手臂力量和柔韧素质，尖子加强身体核心、脚踝、腿部、腰部的力量与平衡柔韧素质。

方法二：台阶练习，尖子在台阶上练习垂直向上蹬地、吸腿，然后做侧搬腿，体会控制身体重心和维持身体平衡的感觉。（图5-4-69）

图5-4-69　多底座单尖子肩位侧搬腿托举方法二

方法三：模拟练习，两个底座抓握尖子的鞋，模仿在最高点转换手型，体会抓脚的位置和转换手型时不拧转尖子的脚，确保尖子站立平稳。（图5-4-70至图5-4-72）

方法四：节奏练习，底座和后保抓握道具，尖子模拟蹬地吸腿动作，后保数动作节奏，大家协同配合练习动作节奏的一致性。（图5-4-73）

（斜面） （斜面） （正面）

图 5-4-70　多底座单尖子肩位侧搬腿托举方法三

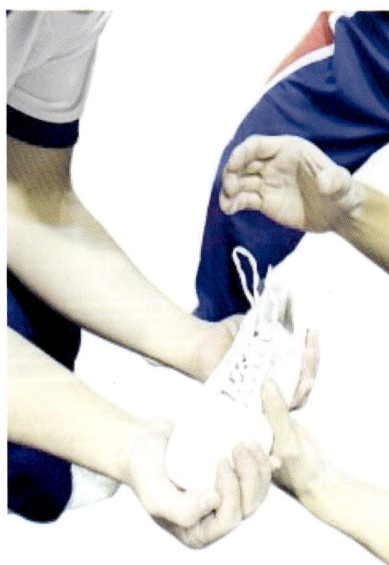

图 5-4-71　底座在髋位的手型

图 5-4-72　底座、保护员在肩位的手型

图5-4-73　多底座单尖子肩位侧搬腿托举方法四

5.易犯错误及纠正的方法

错误一：尖子没有垂直向上蹬地吸腿，用方法一、方法二纠正。

错误二：尖子在底座手上重心不稳，原因是两个底座手掌高低不平，抓脚位置不合理，主底没有在最高点转换手型，用方法三纠正。

错误三：尖子上不到肩位，原因是底座、后保、尖子的节奏不一致，托举不是垂直向上发力，合力不集中，用方法三、方法四纠正。

错误四：尖子在空中的重心偏向主底，原因是底座和后保的力量不够，用方法一、方法二和方法三纠正。

四．金字塔

金字塔（Tower Pyramid）是指一个或多个尖子被一个或多个底座支撑，形成的金字塔形状的动作造型。

[动作名称] 金字塔（图5-4-74）

图5-4-74　金字塔

1.人员构成

六个底座，三个后保，三个尖子。

2.动作方法

①左边组托举。

准备姿势：两个底座与尖子面对面站立，后保站在底座左侧；尖子双手侧举并握拳，右腿后举，两个底座双手分别抓握尖子上臂和手腕，后保两腿开立，双手托扶尖子的右腿。

动作过程：尖子随两个底座和后保协同发力，两个底座和后保两臂迅速上举并伸直将尖子托起，尖子后举左腿并且控左腿，膝盖稍屈，脚尖举过头顶，抬头挺胸成高位俯平衡姿势。

②中间组托举。

准备姿势：主底和尖子面朝正前方站立，副底站在主底的一侧，后保站在主底的另一侧，主底双手抓握尖子的腰部，尖子双手抓握主底的手腕，副底抓握尖子左脚，后保双手扶持尖子小腿。

动作过程：尖子随底座和后保协同发力，副底和后保向上发力，主底向上将尖子托举至头顶，主动低头，让尖子坐在主底肩上成坐肩姿势，副底和后保用手臂将金字塔连接。

③右边组托举。

右边组托举与左边组托举动作相同，但方向相反。

3.教学重难点

教学重点：俯平衡托举和坐肩托举。

教学难点：金字塔的连接，组与组之间的配合。

4.教学方法

方法一：坐肩练习，底座将尖子举过头顶后主动低头，让尖子坐在底座肩上成坐肩姿势。（图5-4-75）

图5-4-75　金字塔方法一

方法二：俯平衡肩位推高位练习，尖子成肩位俯平衡，底座和后保协同发力，将尖子推至高位俯平衡。（图5-4-76）

方法三：金字塔左边组和右边组面对面做动作，体会动作节奏的一致性。（图5-4-77）

（侧面）　　　　　　　　（侧面）　　　　　　　　（正面）

图5-4-76　金字塔方法二

图5-4-77　金字塔方法三

5.易犯错误及纠正方法

错误一：中间组底座和尖子没有协同发力，用方法一纠正。

错误二：两边组底座和后保没有协同发力将尖子推至高位，用方法二纠正。

错误三：金字塔两边节奏不一致，用方法三纠正。

错误四：金字塔之间没有连接上，用语言提醒尖子和底座及时调整位置，将金字塔连接上。

五、抛接

抛接（Toss）是指底座将尖子抛向空中，尖子在空中完成动作后，被底座再接住的动作。

[动作名称] 屈体分腿抛接（图5-4-78）

图5-4-78　屈体分腿抛接

1.人员构成

两个底座，一个后保，一个尖子。

2.动作方法

准备姿势：两个底座双脚开立，屈膝微蹲，底座分别用右手（左手）握住自己的左手腕（右手腕），并用左手（右手）握住对方的右手腕（左手腕）搭成轿子状，轿面平整，双臂自然弯曲，立腕、沉肩、坠肘；尖子两手分别撑在两个底座肩上，一条腿屈膝，用足弓踩在轿面的中间位置，一条腿蹬直，踩在地面上，重心向上提，眼睛平视；后保两手扶握尖子腰部。

动作过程：

下沉阶段：底座屈膝半蹲,将轿面下沉至膝盖位置；尖子扶住两个底座肩部，主动支撑，向上站上轿面，并屈膝半蹲，重心稍前移；后保抓握尖子腰部，向上托提，帮助尖子站上轿面。

抛接阶段：两个底座同时蹬地协同发力，轿面放平，垂直向上将尖子抛起；尖子借助底座垂直向上的力量，蹬直双腿向上腾空，并在最高点完成屈体分腿的动作；后保双手抓握尖子的腰部，和底座一起，协同发力，向上抛送尖子。

摇篮接阶段：底座和后保判断尖子下落的轨迹，及时调整脚下位置，主动向上伸臂，在最高点迎托尖子，接到尖子的同时屈膝缓冲；尖子在执行完成屈体分腿动作后，并腿，身体绷直，梗头，挺胯，双臂紧贴胯部，成平躺姿势，接触到底座时，双臂迅速搂住两个底座肩膀成摇篮接姿态；后保扣肩接轿，向一侧偏头，确保尖子头部和颈部安全落在摇篮接上。

3.教学重难点

教学重点：篮抛阶段底座和尖子的协同发力及尖子在空中的动作。

教学难点：轿面的平整，抛接阶段底座、保护和尖子的协同发力，摇篮接阶段底座脚下的位移和在最高点迎接尖子，接轿后的缓冲。

4.教学方法

方法一：尖子在气垫上练习屈体分腿，要求尖子有腾空高度并在最高点做屈体分腿跳。（图5-4-79）

图 5-4-79　屈体分腿抛接方法一

方法二：轿面沉起练习，后保将双手压在两个底座搭起的轿面上，模拟尖子的重量，进行沉和起的练习，并且搭起的轿面要放平整，模仿垂直向上抛送尖子。（图 5-4-80）

图 5-4-80　屈体分腿抛接方法二

方法三：高位摇篮接练习，尖子站在体操垫上，底座和后保站在尖子后方，做好摇篮接姿势,尖子并腿直立，身体绷直，挺胯、梗头向后倒，底座和后保双手上举在最高点迎接尖子。（图 5-4-81）

方法四：高位摇篮接练习，在方法三基础上，动作熟练后，尖子并腿直立，身体绷直，紧胯、梗头向后跳，模拟尖子空中下落的过程，底座和后保在最高点迎托尖子，接到尖子后做缓冲的动作。（图 5-4-82）

图 5-4-81　屈体分腿抛接方法三

图 5-4-82　屈体分腿抛接方法四

5.易犯错误及纠正方法

错误一：两个底座搭起的轿面不平整，沉起阶段没有垂直向上抛送尖子，用方法二纠正。

错误二：尖子完不成屈体分腿的动作，用方法一纠正。

错误三：摇篮接阶段底座没有在最高点迎接尖子，接到尖子没有缓冲，用方法三、方法四纠正。

错误四：尖子空中姿态松散，用方法三、方法四纠正。

第六章 舞蹈啦啦操训练与养成

第一节　舞蹈啦啦操安全守则

（1）所有运动员必须在具有舞蹈啦啦操教练员资格的专业人员的监督管理下进行学习、训练、比赛和表演。

（2）教练员必须根据运动员和队伍整体的技术水平，安排适合的技术动作进行训练。

（3）所有队伍、俱乐部、领队、教练员必须制定教学、训练、比赛和表演时可能发生的意外伤害事故的应急方案。

（4）在编排套路动作时，鼓励融入本土文化，选择适合各个年龄阶段观众的音乐、服装、妆容等，禁止使用粗俗、负面、攻击和暗示性等庸俗的元素。

（5）比赛和表演时，要保证比赛时的服饰符合安全要求，能覆盖身体的相关部位，超短裙和三角裤等下面应着紧身衣，否则运动员身体暴露将导致队伍失去参赛资格。

（6）允许将比赛服的部分物件有目的地使用或从身体上去除（如帽子、外套等）；个别首饰作为服装的一部分时，允许使用。

（7）教学、训练、比赛和表演时，必须穿软底运动鞋或舞蹈半掌鞋，禁止光脚、仅穿短袜、紧身连裤袜等其他不恰当的鞋袜。

（8）教学、训练、比赛和表演中，严禁使用具有潜在危险的辅助物品，运动员不能服用含有酒精、麻醉药物等使得个人表现增强的物质或者非处方药，且口中不得含有任何食物或可能造成窒息的非食用物品。

（9）道具是指在比赛中非比赛服的任何物品。任何可承担运动员身体重量的物品都将被视为直立型道具。比赛和表演时，禁止使用手持道具或者无支撑的道具，禁止使用任何大型直立型道具（如椅子、板凳、梯子等）。花球啦啦操中花球属于比赛服的一部分，不是道具。

（10）禁止破坏教学、训练、比赛和表演时的场地（如留下喷雾、粉尘等）；比赛或表演结束后，必须带走场地上所有团队物品（如花球、服饰等），保持场地整洁。

第二节　舞蹈啦啦操的构成

舞蹈啦啦操是在音乐伴奏下，以多种舞蹈元素为基础，结合舞蹈动作、托举配合、过渡连接、道具使用等，来展示不同舞蹈高超的技术技巧，以体现风险共担、荣誉共享的团队精神的体育项目。

一、舞蹈啦啦操的构成要素

舞蹈啦啦操包括舞蹈动作、难度动作、托举配合和过渡连接等内容。

（一）舞蹈动作

舞蹈动作是生活实践的提炼，生活化的瞬间通过创编者的加工改造转化为舞蹈啦啦操的一个个动作。舞蹈动作是舞蹈啦啦操表达情感、传播理念最基本的方式。根据不同舞蹈的风格，舞蹈啦啦操可分为花球啦啦操、爵士啦啦操、街舞啦啦操、高踢腿啦啦操和自由舞蹈啦啦操等。

花球啦啦操采用了36个基本手位，适度紧张的下肢动作结合花球道具的使用，表现为发力快速、短促有力、定位精准，体现"快、准、稳"的技术特点，呈现团队一致性的特征。

爵士啦啦操通过舞蹈动作体现爵士的技术技巧，具有力度、延展、平衡和控制定位的技术特点，呈现团队一致性的特征。

街舞啦啦操融合了各类街舞的风格特点，通过小关节和小肌肉群的灵活性来展现身体的控制力、律动性，以呈现团队一致性的特征。

高踢腿啦啦操融合了多种风格的踢腿动作，包括但不局限于前踢腿、侧踢腿、吸腿踢、扇形踢腿、跳跃踢腿等，以此来展示身体的控制力、踢腿动作的准确性，呈现团队一致性的特征。

自由舞蹈啦啦操是我国特有的啦啦操项目，动作元素来自我国不同地域和民族的舞蹈，风格多样宽泛，具有鲜明的本土化发展特征。

（二）难度动作

舞蹈啦啦操的难度动作也称技术技巧动作，分为转体类难度动作、跳跃类难度动作、平衡与柔韧类难度动作、翻腾类难度动作。

1.转体类难度动作

舞蹈啦啦操的转体类动作是指以单脚或者双脚为支撑，围绕身体纵轴转动，旋转的度数大于或者等于360°的动作。

（1）转体类难度动作的分类。

舞蹈啦啦操的转体类难度动作按照支撑脚可以分为单脚转体类动作和双脚转体类动作。

单脚转体类：立转、吸腿转、抱腿转、阿拉C杠、挥鞭转、阿提秋等。

双脚转体类：平转、串翻身、点步翻身、吸腿翻身等。

（2）转体类难度动作的结构。

舞蹈啦啦操转体类难度动作分准备阶段、启动阶段、旋转阶段、结束阶段四个阶段。

［动作名称］平转（以左脚为例）（图6-2-1）

图6-2-1　平转（侧举）

准备阶段：左脚向侧迈步点地，同时立踵，两臂侧举，目视前进方向。

启动阶段：以左脚为支撑脚，逆时针转体180°，右脚向行进方向迈一小步，左脚并右脚立踵，留头，两臂侧举，目视前进方向。

旋转阶段：以右脚为支撑脚，继续逆时针转体180°，左脚向行进方向迈一小步，右脚并左脚立踵，迅速甩头，两臂侧举，目视前进方向。两脚依次为支撑脚，继续向左平移转动。

结束阶段：成双脚立踵并腿站立。

（3）转体类难度动作的特点。

舞蹈啦啦操的转体类难度动作表现出推地起踵、立脚踝、高重心、快速旋转等特点，技术动作的旋转角度、旋转频率呈现出高度的同步性和一致性，展现出运动员对身体姿势的超强控制能力。

转体类难度动作是舞蹈啦啦操最具代表性的技术技巧动作，由于难度系数高、稳定性低成为最能体现一支队伍整体实力的要素之一。

（4）转体类难度动作的表现形式。

舞蹈啦啦操的转体类难度动作有单一型转体类和组合型转体类两种表现形式。

单一型转体类难度动作是一种通过旋转半径由小到大、由大到小的改变来增加动作难度的转体动作。运动员可以通过改变旋转的速度提高动作的难度，通过上下肢的不对称、旋转路线、旋转面来展示转体动作的复杂性和多样性。例如：阿拉C杠+换面90°阿拉C杠。

组合型转体难度动作是由两种或者两种以上的技术动作组合而成。如两个转体类的动作组合——吸腿转+库佩转；转体类加跳跃类的动作组合——挥鞭转+平转+反身跨跳。

啦啦操转体类难度动作以完成技术动作时的旋转速度展现运动员稳定的身体控制能力和出色的技术动作水平，不仅可以体现团队成员之间高度的默契程度，而且增强了表演的艺术性和观赏性，给观众带来强烈的视觉体验。

2.跳跃类难度动作

舞蹈啦啦操的跳跃类动作是指通过原地或者行进间的方式以单脚或者双脚起跳，展示空中的身体姿势，表现人体的爆发力、弹跳力、柔韧性的技术动作。

（1）跳跃类难度动作的分类。

①按照起跳脚可以分为单脚起跳动作和双脚起跳动作。

单脚起跳动作：纵跨跳、横跨跳、斜跨跳、交换腿跳、反身跨跳等。

双脚起跳动作：C跳、直体跳、分腿跳、屈体分腿跳等。

②按照空间变换可以分为原地跳跃动作、行进间跳跃动作和反身跳跃动作三种形式。

原地跳跃动作：鹿跳、直体跳、屈体分腿跳、屈体并腿跳、倒踢紫金冠等。

行进间跳跃动作：行进间横跨跳、行进间斜跨跳等。

反身跳跃动作：反身跨跳、反身鹿跳、反身斜跨跳、反身莲花跳、反身后踢腿跳等。

（2）跳跃类难度动作的结构。

舞蹈啦啦操跳跃类难度动作分为起跳阶段、腾空阶段、落地阶段三个阶段。

[动作名称] 交换腿跳（以左脚为例）（图6-2-2）

图6-2-2　交换腿跳

起跳阶段：两脚前后站立，两臂侧举，左脚向前一步蹬地起跳，右腿直腿向前上方踢摆，两臂前后摆臂。

腾空阶段：当右腿踢摆至空中最高点时，右腿下压，左腿直腿向前上踢摆，两腿空中快速做前后交换摆腿，两臂前后摆臂。

落地阶段：左腿积极主动屈膝缓冲落地，成两腿并立。

（3）跳跃类难度动作的特点。

舞蹈啦啦操的跳跃类难度动作表现出腾空高度高，空中身体姿势准确并有清晰控制，空中动作幅度大等特点。

（4）跳跃类难度动作的表现形式。

舞蹈啦啦操的跳跃类难度动作有单一型跳跃和组合型跳跃两种表现形式。

单一型跳跃类难度动作是使用一种跳跃动作。如原地跳跃类动作难度适中，结合队形变化，可以丰富动作层次性，产生较强的视觉冲击；行进间跳跃类动作移动路线长，动作灵活，让队形变化富有流动性，空间层次更加丰富；反身跳跃类动作较前面两种跳跃类动作，在身体朝向的一致性和队员动作间距的等距性上更难，因此更能展示团队的综合能力，视觉体验更加强烈。

组合型跳跃类难度动作是由两种或者两种以上的技术动作组合而成。组合型跳跃动作是创新性和挑战性的完美体现，一般有跳跃类和转体类的组合，如立转+反身横跨跳；跳跃类和平衡与柔韧类的组合，如反身跨跳+后踢腿；跳跃类和翻腾类的组合，如前软翻+横劈腿跳。转体类动作在旋转时产生的动力为跳跃类动作的起跳提供支持，在动作对比和空间对比上更有视觉冲击力，观赏性更高。

因此，跳跃类难度动作的合理使用可以丰富空间造型的变化和层次的对比。

3.平衡与柔韧类难度动作

舞蹈啦啦操的平衡类动作是指通过身体各部分的协调控制，调整并维持身体姿势稳定的动作。

舞蹈啦啦操的柔韧类动作是指能使参与运动的人体关节达到最大幅度活动范围以及关节韧带等达到最大限度伸展的动作。

（1）平衡与柔韧类难度动作的分类。

舞蹈啦啦操的柔韧与平衡类难度动作按照完成动作的技术特点分为抱腿类动作、搬腿类动作、控腿类动作、劈腿类动作、垂地类动作、舞姿类动作、踢腿类动作、依柳辛类动作等。

抱腿类动作：前抱腿、侧抱腿、后抱腿等。

搬腿类动作：前搬腿、侧搬腿、后搬腿等。

控腿类动作：前控腿、侧控腿、后控腿等。

劈腿类动作：横劈腿、纵劈腿、横劈叉前穿、纵劈腿抱腿转等。

垂地类动作：有支撑后垂、无支撑后垂等。

舞姿类动作：踹燕、俯平衡、阿提秋平衡、阿拉贝斯平衡等。

踢腿类动作：连续大踢腿、连续转体大踢腿等。

依柳辛类动作：有支撑依柳辛、无支撑依柳辛等。

（2）平衡与柔韧类难度动作的结构。

舞蹈啦啦操平衡与柔韧类难度动作分为准备阶段、保持阶段、结束阶段三个阶段。

[动作名称] 俯平衡（图6-2-3）

图6-2-3　俯平衡

准备阶段：直立，单腿后举腿，上体稍前压，两臂经前举向侧摆至侧举。

保持阶段：一条腿支撑，另一条腿后举且高于头部，挺胸抬头，两臂侧举成平衡姿势。

结束阶段：后举腿落下与支撑腿并拢，上体抬起成直立。

[动作名称] 踹燕（图6-2-4）

图6-2-4　踹燕

准备阶段：直立，一条腿支撑，另一条腿屈膝高吸腿。

保持阶段：一条腿支撑，上体迅速后屈，支撑腿紧直下踩，另一条腿高吸腿向上踢腿，挑腰，两臂向两侧摆臂，掌心向上，抬头，保持平衡姿势。

结束阶段：摆动腿下压挺胯，挺胸立腰，利用身体反弹的力量，抬起上体成直立。

（3）平衡与柔韧类难度动作的特点。

舞蹈啦啦操平衡与柔韧类难度动作呈现动静结合的特点，如静力性控腿类动作与动力性踢腿类动作的组合。平衡类动作要展示清晰准确的身体姿势，技术动作要求保持在3秒以上，以展现维持动作稳定性的能力。柔韧类动作两腿的开度要求在170°及以上水平。

（4）平衡与柔韧类难度动作的表现形式。

平衡与柔韧类难度动作以单个动作或者组合动作为表现形式。

单个平衡与柔韧动作，如阿拉贝斯平衡。组合动作有转体类加平衡与柔韧类动作组合，如阿拉C杠+依柳辛；跳跃类加平衡与柔韧类动作组合，如反身跨栏跳+后踢腿；翻腾类加平衡与柔韧类动作组合，如俯平衡+鱼跃前滚翻。

平衡与柔韧类难度动作以双人和集体配合的形式来展示动作的层次和空间的对比，以达到多样化及复杂性的视觉效果。

3.翻腾类难度动作

舞蹈啦啦操的翻腾动作是指从地面开始到在地面结束，没有他人协助或支撑下完成的，并且不完全是髋部高于头部的翻转动作。

（1）翻腾类难度动作的分类。

①按照技术特点，可以分为非腾空的翻腾动作、腾空的翻腾动作。

非腾空的翻腾动作：手倒立、侧手翻、前滚翻、后滚翻、前软翻、后软翻、肩肘倒立等。

腾空的翻腾动作：踺子、旋子、侧空翻、前手翻、后手翻、前头手翻、后头手翻、鱼跃前滚翻等。

②按照技术动作完成的方式，可以分为髋部高于头的腾空翻转动作、髋部非高于头的腾空翻转动作等。

髋部高于头的腾空翻转动作：踺子、空翻等

髋部非高于头的腾空翻转动作：旋子等

③按照技术动作结构，可以分为滚翻类动作、软翻类动作、手翻类动作和空翻类动作。

滚翻类动作：前滚翻、后滚翻、鱼跃前滚翻、手倒立前滚翻、单肩挺身后滚翻等。

软翻类动作：前软翻、后软翻等。

手翻类动作：侧手翻、前手翻、后手翻、前头手翻、后头手翻等。

空翻类动作：前空翻、后空翻、侧空翻、直体后空翻等。

（2）翻腾类难度动作的结构。

舞蹈啦啦操翻腾类难度动作分为起跳阶段（预备姿势）、腾空阶段（空中姿势）和落地阶段（结束姿势）三个阶段。

[动作名称] 前软翻（以左脚为例）（图6-2-5）

预备姿势：两脚前后开立，两手向前撑地。

空中姿势：左脚蹬地，右腿向后摆，成前后分腿手倒立。

结束姿势：经前后分腿手倒立向前翻转，右脚靠近手落地，抬头挺胸，顶髋立腰，推手，左腿前举下压成前后站立。

图6-2-5 前软翻

（3）翻腾类难度动作的特点。

舞蹈啦啦操翻腾类难度动作中滚翻类动作、软翻类动作的特点是方向正、滚动圆滑，手翻类动作、空翻类动作的特点是腾空高、空中姿势清晰。所以，翻腾类难度动作的起跳时间、腾空高度、动作幅度和落地时间的一致性可以体现团队的整体水平。

出于对运动员安全的考虑，舞蹈啦啦操翻腾类难度动作在使用过程中有一些特殊要求。例如，《2021版啦啦操竞赛规则》规定禁止手持花球做非腾空的翻腾动作（前滚翻和后滚翻例外），手持花球时最多允许做2个连续的无手部支撑髋部高于头的翻腾动作。

（4）翻腾类难度动作的表现形式。

翻腾类难度动作以单个动作或者组合动作为表现形式。

单个翻腾动作多以集体形式出现，参与的人越多，动作完成的质量越高，表明团队的实力越强。滚翻类动作，由于移动路线短，经常和过渡连接一起配合使用，动作难度低，可以高质量地完成，增加空间的流动性和层次感。

翻腾类难度动作与其他难度动作组合的形式多样，是复杂与新颖的完美结合，更具有观赏性。转体类加翻腾类组合，例如库佩转+侧手翻；跳跃类加翻腾类组合，例如反身跨跳+侧滚翻；平衡与柔韧类加翻腾类组合，例如俯平衡+前滚翻；翻腾类加翻腾类组合，例如侧空翻+侧手翻。

（三）托举配合

《2021版啦啦操竞赛规则》中提出：托举动作是一名运动员被另一名运动员或多名运动员从地面抬起后并保持稳定的动作，由执行运动员和支撑运动员共同完成；配合动作是指两名运动员相互支撑完成动作，包括支撑和执行两方面的技巧动作。

舞蹈啦啦操的托举与配合是队员之间信任和默契的体现，是团队协作能力和运动员综合能力的展示。

托举是利用地面、站立和空中三维空间层次的变化展现空间转换的多样性和复杂性。配合是两人之间或者小集体之间以舞蹈类动作、难度类动作、过渡性动作进行配合，以达到地面、站立和空中三维空间位置转换的视觉效果。

安全是啦啦操发展的前提，因此舞蹈啦啦操的托举和配合要求至少有一名底座与尖子保持直接的接触，尖子被举起时，在空中要保持稳定的动作；尖子被释放时，必须由一个或者多个底座接住或者以被支撑的方式回到地面；尖子被释放后，禁止做任何倒置姿势的动作。

（四）过渡连接

舞蹈啦啦操过渡连接动作是通过基本动作、配合、托举、难度等将各部分之间进行衔接，以达到地面、站立、空中三维空间的灵活转换和流畅连接。它是舞蹈啦啦操不可或缺的一部分，能促进舞蹈动作、技术技巧动作、托举配合等单个动作或者组合动作灵活顺畅转换，起到提高成套动作连贯性的作用。

二、舞蹈啦啦操的表现形式

舞蹈啦啦操有双人和集体两种表现形式。

双人舞蹈啦啦操的特点是重视技术动作的控制定位，双人配合默契，动作层次分明。

集体舞蹈啦啦操的特点是参与人数多，更加注重动作的一致性、同步性和空间性，以展示团队的合作能力、整体实力和对观众的号召力。

啦啦操是以团队来展示集体的凝聚力，因此每个人都是集体追求最高荣誉的责任担当。集体舞蹈啦啦操在场上有集体参与、部分表演和个人展示三种呈现方式。集体参与的人越多，难度系数越大，越能充分展示团队的整体水平，视觉冲击力和竞争性也就越强。部分表演是一部分运动员展示高水准的技术动作，用合理的编排架构场上的人员布置，既可以弥补运动员运动水平参差不齐的实际情况，又可以凸显整体的层次和局部的对比，展现强烈的视觉效果。个人展示是通过巧妙的编排将能力超群的个体从集体中凸显出来，适度的个人展示既突出个体出类拔萃的技术技巧，也成就了团队的精彩，能达到意想不到的舞台效果。

第三节　花球啦啦操教学

花球啦啦操是舞蹈啦啦操的一种传统表演风格，需要全程使用花球，在保留更多传统啦啦操元素的基础上加入了爵士和街舞的元素。

一、花球啦啦操的基本手位

基本手位是花球啦啦操项目特征的代表性动作，是最基础的核心动作，是啦啦操项目风格和技术发展的关键和保证。

（一）基本手位的特征

1.发力短促有力

花球啦啦操的基本手位是通过肌肉的适度紧张和快速发力来呈现短促有力、精准控制、清晰定位、制动迅速的特征。

2.锁肩控制技术

锁肩控制技术是啦啦操基本手位最重要的技术。通过肩关节向内收，保持关节自然的状态，可以较好地控制动作的发力速度和力量，防止关节过度伸展，造成关节韧带的损伤。

3.身姿自然稳定

花球啦啦操要求通过自然稳定的身体姿势来控制手位动作的完成，以适度地降低身体重心来保证动作的稳定性；以重心的平稳移动，避免身体重心大幅度地上下弹动，确保动作安全流畅。

（二）基本手位的分类

1.根据动作形式、动作方向分为上举类、平举类、下举类、斜举类、冲拳类、屈臂类

上举类：上 V、上 A、上 X、上 H、上 L、后 X、O 等。

平举类：T、提桶式前 H、持烛式前 H、前 X 等。

下举类：下 V、下 A、下 H、下 L、下 X 等。

斜举类：斜线、K、侧 K 等。

冲拳类：侧上冲拳、侧下冲拳、斜下冲拳、斜上冲拳、高冲拳等。

屈臂类：短 T、上 M、下 M、后 M、W、小 H、屈臂 H、屈臂 X、弓箭、小弓箭、加油、R、短剑等。

2.根据动作结构分为对称型和非对称型

对称型：上 V、上 A、上 X、上 H、后 X、O、T、提桶式前 H、持烛式前 H、前 X、下 V、下 A、下 X、下 H、短 T、上 M、下 M、后 M、W、加油、屈臂 X、屈臂 H 等。

非对称型：上 L、下 L、斜线、K、侧 K、侧上冲拳、侧下冲拳、斜下冲拳、斜上冲拳、高冲拳、小 H、弓箭、小弓箭、R、短剑等。

3.根据动作方法分为直臂类、屈臂类和混合类

直臂类：上 V、上 A、上 X、上 H、上 L、T、提桶式前 H、持烛式前 H、前 X、下 V、下 A、下 H、下 L、下 X、斜线、K、侧 K 等。

屈臂类：短 T、上 M、下 M、后 M、W、屈臂 H、屈臂 X、加油、后 X、O 等。

混合类：小 H、弓箭、小弓箭、R、短剑、侧上冲拳、侧下冲拳、斜下冲拳、斜上冲拳、高冲拳等。

（三）基本手位组合的形式

1.直线式的手位组合

直线式的手位组合是从一个手位直线摆动到另一个手位的动作组合。例如，上 V 到下 V 的转换。（图 6-3-1）

图 6-3-1　上 V-下 V

互为对称的手位进行直线的手位组合，不仅发力速度快，而且更容易发力，达成动作一致的效果。

2.弧线式的手位组合

弧线式的手位组合是从一个手位通过绕、绕环弧线摆动至另一个手位的动作组合。例如，上V向内绕至斜下冲拳。（图6-3-2）

图6-3-2　上V-斜下冲拳

手臂进行绕和绕环，可以充分利用空间，让手位呈现圆形或者弧形的立体运动轨迹，视觉效果更加饱满。

3.连接式的手位组合

连接式的手位组合是从一个手位经过一个手位至另一个手位的动作组合。例如，斜线经过加油位至R。（图6-3-3）

图6-3-3　斜线-加油-R

该组合经常是直臂类与屈臂类、混合类的组合。手臂运行路线在长短之间转换，凸显手位变化的多样性，同时也便于提高手位转换的安全性。

4.复合式的手位组合

复合式的手位组合是手位之间以直线式、弧线式和连接式进行的动作组合。例如，由 T 经两臂向内绕至上 M，再经上 A 至下 L。（图6-3-4）

图6-3-4　T-上 M-上 A-下 L

手位之间丰富多样的衔接方式，可以表现手位的多层次，让手位更加连贯、流畅，体现空间的立体感。

二、花球啦啦操的主题风格

（一）主题风格的概念

花球啦啦操的主题风格是指通过舞蹈动作、难度技巧、托举配合、音乐类型、服饰搭配、道具使用等来展示核心思想、文化理解、审美感知的具有显著个性特征的表演创作，受到民族、地域、时代等因素的影响和制约。

（二）主题风格的分类

花球啦啦操的主题风格分叙事性、技巧性、表演性三种。

1.叙事性主题风格

叙事性主题风格的花球啦啦操是通过创编来演绎一段情节、一个故事，以吸引观众进入某种特定的情境，感知表演者表达的深层含义。

2.技巧性主题风格

技巧性主题风格的花球啦啦操通过技术技巧来展示高超的难度动作。完美呈现难度动作，不仅展示了团队的协同能力和高超的技术水平，也给观众带来了强烈的视觉震撼和冲击力，让观众感受到运动员挑战人体极限的勇气。

3.表演性主题风格

表演性主题风格的花球啦啦操根据表演的目的、场地和观众定位来确定一个表演主题，通过基本动作的一致性、音乐的烘托和服装的搭配来展示团队的默契，让观众感受花球啦啦操与众不同的风格特征。

（三）主题风格的特点

1.叙事性主题风格的特点

花球啦啦操叙事性的主题风格以肢体语言结合音乐和服饰来阐述一个故事、一段情节，表达所要传达的思想内涵，可引导观众在欣赏中感知情节的推进，对创编者的创编能力提出了很高的要求。运动员也需要有较高的艺术修养和专项技术储备，将创编者的意图通过肢体语言传递给观众，而音乐和服饰的选择在这里起到衬托情境的作用。

（1）明确的故事主线。

叙事性主题风格的花球啦啦操有清晰的故事主线，让观众在看表演时能持续感知情节的发展，理解故事的来龙去脉，产生情感共鸣。

（2）鲜明的角色设定。

叙事性主题风格的花球啦啦操因为有故事主线，所以会通过舞蹈动作、音乐和服饰来衬托角色的设定，分主角和群演，以增强故事情节的吸引力。

2.技巧性主题风格的特点

（1）艺术性与可操作性兼备。

花球啦啦操技巧性的主题风格是以出类拔萃的难度动作取胜，因此运动员要有扎实的基本功。

技巧性主题风格要循序渐进地选择难度动作级别，保证既有高超的技巧动作又能高质量地完成，艺术性和可操作性要同时具备，音乐和服饰起到辅助完成的作用。

（2）新颖性与创意性兼顾。

在技术动作的创编上要注重独特和创新的结合，避免雷同的技术动作重复出现。配合高度默契的团队，精准地完成新颖的技术动作，呈现高度的同步性和复杂性，可以营造出强烈的视觉冲击力，让观众在欣赏的过程中保持持续的新鲜感和期待感。

3.表演性主题风格的特点

（1）花球技术风格要突出。

花球啦啦操表演性的主题风格可能没有夺人眼球的技术技巧动作，也没有明确的故事情节，却可以通过高质量地完成基本动作来展示团队的默契，以饱满的状态和真挚的表现来展现团队充沛的体能和积极向上的精神风貌。

（2）音乐和服饰选择要合理。

音乐选择鼓点要清晰，与动作的节奏和强度协调，能突出特定的动作组合和配合；服饰的款式和颜色要符合表演主题，同时起到渲染舞台的效果。

三、花球啦啦操技术技巧教学

（一）转体类难度动作

[动作名称] 阿拉C杠（图6-3-5）

图6-3-5 阿拉C杠

1.动作方法

以右腿为支撑腿为例，从蹲立开始，立转，当转体到315°时，支撑腿蹲立，随即摆动腿伸出；摆动腿由斜前向侧挥鞭转体，支撑腿随即蹬伸成立踵，转体一周，重复以上动作完成多周的旋转。

2.技术分析

阿拉C杠是芭蕾舞的一个单脚转体类动作，展示人体的平衡性、柔韧性、协调性，表演者要有较强的踝关节力量、腿部力量、髋腰肌力量、腰腹肌力量和手臂力量。

起始阶段到结束阶段身体要保持直立，核心力量可以促进身体躯干的稳定，保持身体挺拔；摆动腿控制的高度和开度是影响挥鞭动作完成质量和数量的关键，体现了踝关节力量和腿部力量及柔韧性；髂腰肌力量决定髋关节屈伸的幅度；手臂力量可以保持身体的稳定性和旋转的速度。

3.教学重难点

教学重点：支撑腿的蹲和立、摆动腿的挥鞭动作、留头和甩头、手臂与转体的配合。

教学难点：支撑腿蹲立和摆动腿摆动的协调，旋转时重心的稳定和匀速，留头和甩头的时机，手臂与转体的协调。

4.教学方法

方法一：模拟练习，两臂下H；左脚后点地成半蹲，重心在右腿上，左臂胸前平举，右臂侧举；向左转体315°，左腿前伸，同时左臂向左后方直臂摆臂带动身体旋转；右腿立踵，左腿向侧摆动与地面的夹角接近90°，两臂侧举。（图6-3-6）

图6-3-6 阿拉C杠方法一

方法二：举腿练习，单手扶把杆，身体直立，支撑腿支撑，摆动腿做前举腿、侧举腿、后举腿练习。（图6-3-7）

方法三：挥鞭（上下肢协调）练习，单手扶把杆，身体直立，支撑腿半蹲，摆动腿做斜前45°举腿，左臂前举；支撑腿立踵，同时摆动腿向左侧摆腿与地面的夹角接近90°，左臂向侧摆至侧举，摆动腿收回至起始动作。（图6-3-8）

方法四：留头和甩头练习，两腿开立，重心在右腿上，两臂侧举，眼看左前方；以左脚为轴，顺时针转体180°，右脚并于左脚成并腿立踵，两臂胸前平屈，

眼看前方（留头）；以右脚为轴，顺时针转体180°，成两脚立踵，同时迅速转头眼看前方（甩头）。（图6-3-9）

图6-3-7　阿拉C杠方法二

图6-3-8　阿拉C杠方法三

图6-3-9　阿拉C杠方法四

5.易犯错误及纠正方法

错误一：支撑腿立不住，摆动腿摆动高度不够，原因是髂腰肌力量不够，腿部柔韧和力量不够，多做各个方向的踢腿、抱腿和控腿练习，用方法二纠正。

错误二：摆动腿没有挥鞭动作，原因是上下肢不协调，用方法三纠正。

错误三：手臂、摆腿、留头和甩头不协调，原因是动作顺序不清楚，基本功不扎实，用方法一、方法三和方法四纠正。

（二）跳跃类难度动作

跳跃类难度动作是运动员通过正确的身体姿势和身体柔韧性及爆发力展示空中完美姿势的技术技巧动作。

[动作名称] 大跨跳（图6-3-10）

图6-3-10 大跨跳

1.动作方法

以右脚为起跳脚为例,左脚前点地，左脚向前磋步，重心前移，右脚起跳，左脚向前上摆踢，右腿蹬起向后摆，空中成前后大分腿，两腿开度大于135°，同时两臂经下摆至右臂前举，左臂侧举，落地时左脚落地，右腿后举，右臂前举，左臂侧举。

2.技术分析

大跨跳是跳跃类难度中的典型动作，展示人体的弹跳力和柔韧性。该动作的摆腿速度快，空中的身体姿势要有停顿，要有很强的腿部弹跳力、爆发力、柔韧性和身体的核心力量。腿部弹跳力是决定腾空高度和远度的重要因素，腿部柔韧性决定了空中两腿的开度，核心力量可以促进身体躯干的稳定性和脊柱的伸展性。

3.教学重难点

教学重点：摆腿速度，腾空高度，空中的身体姿态。

教学难点：摆腿的速度，空中两腿的开度。

4.教学方法

方法一：在保护帮助下做前后分腿跳练习。（图6-3-11）

图6-3-11　大跨跳方法一

方法二：原地做大分腿跳练习。（图6-3-12）

图6-3-12　大跨跳方法二

方法三：在方法二基础上，右脚起跳，左腿做大跨跳练习。（图6-3-13）

方法四：起跳腿柔韧练习，将起跳腿（右腿）搭在体操凳上，成纵叉，压腿的后跨，上体正直，两手一前一后放在腿上；将摆动腿（左腿）搭在体操凳上，成纵叉，压腿的前跨，上体正直，两手一前一后放在腿上。（图6-3-14）

5.易犯错误及纠正方法

错误一：上体前倾，跳不起来，原因是踝关节力量不够，要加强踝关节力量的专项训练，用方法二、方法三纠正。

错误二：两腿空中开度不够，原因是腿部力量和柔韧不够，要加强腿部力量和柔韧的专项训练，用方法一、方法二和方法四纠正。

图6-3-13 大跨跳方法三

图6-3-14 大跨跳方法四

（三）平衡与柔韧难度动作

[动作名称] 无支撑依柳辛（图6-3-15）

图6-3-15 无支撑依柳辛

1.动作方法

两腿前后站立，一脚前点地，两臂上举；重心前移至支撑腿，另一条腿后摆，在矢状面转体360°，同时身体以支撑腿为支撑点转体360°，两臂带动身体转动，双手不触地，摆动腿转动回起始位置，成单脚或者双脚站立。

2.技术分析

无支撑依柳辛是展示身体的平衡能力与柔韧性的难度动作，对腿部力量和柔韧性要求较高，躯干和摆动腿在矢状面沿一条直线转动，摆动腿离地后，腹部收紧贴近支撑腿，摆动腿的摆动和上肢的带臂动作可以让转体更加流畅和稳定；摆动腿的积极下压、上肢带臂和上体的用力抬起，能顺利起身，同时立踵使身体重心稍向前，保持平衡，完成并腿直立。

3.教学重难点

教学重点：摆腿的动作，摆腿与双臂的配合。

教学难点：摆腿的速度和方向，转体的速度，两腿的开度，身体的平衡。

4.教学方法

方法一：双手扶把杆，连续做后踢腿。（图6-3-16）

图6-3-16　无支撑依柳辛方法一

方法二：做垂直劈腿，单脚前点地（左脚），两臂上举，上体前屈，摆动腿（右腿）后摆，腹部收紧贴近支撑腿，双手撑地，垂地劈腿阶段躯干与摆动腿保持一条直线。（图6-3-17）

图 6-3-17　无支撑依柳辛方法二

方法三：在保护帮助下，练习者两手撑地，一条腿支撑，另一条腿后摆成纵劈腿姿势，保护者用肩部顶住练习者的大腿正面，双手抱住练习者的大腿背面，做相向的静力性拉伸。（图 6-3-18）

图 6-3-18　无支撑依柳辛方法三

方法四：保护者站在练习者支撑腿的一侧，一手握住练习者的同侧手腕，在练习者做转体360°时，另一只手扶其背部，帮助其转体并起身。（图 6-3-19）

图 6-3-19　无支撑依柳辛方法四

方法五：带臂练习，上步，上体前屈时，与支撑腿同侧的手臂主动带臂，带动躯干转体；起身时与摆动腿同侧的手臂主动带臂，带动身体起身，维持身体平衡。（图6-3-20）

图6-3-20　无支撑依柳辛方法五

方法六：做有支撑的依柳辛，单腿站立，一条腿后摆，在矢状面转体360°，同时身体以支撑腿为支撑点转体360°，一只手在支撑腿侧撑地，摆动腿转动回到起始位置，以单脚或者双脚站立。（图6-3-21）

图6-3-21　无支撑依柳辛方法六

5.易犯错误及纠正的方法

错误一：摆动腿从侧面摆腿，原因是踢腿方向不正，概念不清，用方法一、方法二纠正。

错误二：转体角度不够360°，需要加强腿部柔韧和力量的专项练习，用方法四、方法五纠正。

错误三：转体时，两腿开度过小，需要加强腿部柔韧的专项练习，用方法三、方法四纠正。

错误四：重心偏移，支撑腿跳动，用方法四、方法五和方法六纠正。

（四）翻腾类难度动作

[动作名称] 侧空翻（图6-3-22）

图6-3-22　侧空翻

1.动作方法

以左脚为起跳脚为例。从站立姿势开始，摆动腿在前做趋步，起跳腿向前踏地，上体前压，两臂由后向前方摆臂；摆动腿后摆，起跳脚用力蹬地，夹肘提肩，以肩部、两臂、头带动身体转动，经空中左右分腿，身体成侧翻姿势；摆动腿主动落地，稍屈膝，立腰，抬上体，成直立，两臂侧举。

2.技术分析

花球啦啦操的竞赛规则要求运动员全程使用花球，当有手部支撑的腾空动作时，禁止支撑手持花球。侧空翻是最能体现运动员运动能力和技术水平的翻腾动作之一。

侧空翻的趋步是为了将向前的水平速度转为向上的垂直速度，起跳前，躯干稍右转，摆动腿外展，右肘高于左肘，为身体由正面向侧面转动做准备。

起跳的作用是利用地面的反作用力让人体腾起一定的高度，因此起跳的瞬间起跳腿用力蹬伸，摆动腿外展并向上伸展，以获得更高的起跳高度和速度。可见，腿部的弹跳力和爆发力决定了起跳的高度。

腾空阶段，躯干向右侧屈可以带动腿部沿着矢状轴转动，完成侧空翻，腿部柔韧性、爆发力及核心力量是影响空中两腿开度及躯干稳定性的重要因素。

保护者可站在练习者的侧面左前方的位置，用手托其腰上提，帮助翻转。

3.教学重难点

教学重点：趋步，腾空高度。

教学难点：摆动腿的摆动与两臂屈臂夹肘的配合。

4.教学方法

方法一：靠墙做手倒立分腿练习。（图6-3-23）

方法二：从墙的侧面做分腿手倒立练习。（图6-3-24）

图6-3-23 侧空翻方法一

图6-3-24　侧空翻方法二

方法三：做原地侧手翻，让手和脚四点落在一条直线上。（图6-3-25）

图6-3-25　侧空翻方法三

方法四：助跑侧手翻，侧手翻要做成上下一个面，落地一条线。（图6-3-26）

图6-3-26　侧空翻方法四

方法五：从高处向低处做侧手翻。（图6-3-27）

方法六：在保护帮助下或者气垫上做侧空翻。（图6-3-28）

5.易犯错误及纠正方法

错误一：空中屈胯，练习者概念要清晰，起跳前，躯干要稍右转，用方法一、方法二、方法三、方法四和方法五纠正。

268

图6-3-27　侧空翻方法五

错误二：侧空翻翻不过去，提示练习者摆动腿后摆时，夹肘提肩，以肩部、两臂、头带动身体转动，用方法四、方法五、方法六纠正。

错误三：练习者恐惧，不敢做空翻，提示练习者落地时可以主动用手撑地，用方法五、方法六纠正。

图6-3-28　侧空翻方法六

主要参考文献

［1］《体育词典》编辑委员会.体育词典［Z］.上海：上海辞书出版社，1984.

［2］田赐福，等.体操［M］.北京：高等教育出版社，1989.

［3］马鸿韬.啦啦操运动［M］.北京：高等教育出版社，2009.

［4］季浏，钟秉枢.普通高中体育与健康课程标准（2017年版2020年修订）解读［M］.北京：高等教育出版社，2020.

［5］李育林，李亚楠.啦啦操运动［M］.北京：高等教育出版社，2021.

［6］孙再仁，郝新艳.杨浦区建立学生体育托管活动中心的可行性分析［J］.上海体育学院学报，2000（S1）：87，94.

［7］陈平.对我国啦啦队竞赛规则演变的分析［J］.北京体育大学学报，2007，30（10）：1432-1433.

［8］徐中秋，徐艳，刘松霞.啦啦队的历史沿革综述［J］.体育科技文献通报，2007（1）：3-4，21.

［9］张庆如.啦啦操运动发展演进及特征表现［J］.北京体育大学学报，2010，33（12）：142-144.

［10］王慧莉.大学啦啦操体育文化研究［J］.武汉体育学院学报，2013，47（3）：96-100.

［11］张国清，黄婷，胡学军.技巧啦啦操运动损伤与预防的研究［J］.体育科技文献通报，2013（12）：16-17.

［12］方奇，周建社.国际接轨背景下中国啦啦操运动的发展研究［J］.北京体育大学学报，2014，37（5）：128-132.

［13］陈宛，李德华.团队文化建设在啦啦操运动的应用研究［J］.中国学校体育（高等教育），2015，2（9）：23-26.

［14］唐金山.我国啦啦操发展的影响因素分析［D］.成都：成都体育学院，2016.

［15］周建社，陶成武，李先雄.啦啦队或啦啦操的名称辨析与理性思考［J］.北京体育大学学报，2017，40（10）：39-43.

［16］寇磊，杜长亮.我国啦啦操文化发展研究［J］.体育文化导刊，2020（10）：72-77，91.

［17］张丽峰，章碧玉，张学兵."双减"政策下课后延时体育服务高质量发展问题与对策［J］.体育文化导刊，2022（5）：104-110.